MARCHA CRIANÇA

1

MATEMÁTICA

CB142161

Maria Teresa Marsico

Professora graduada em Letras pela Universidade Federal do Rio de Janeiro (UFRJ) e em Pedagogia pela Sociedade Unificada de Ensino Superior Augusto Motta. Atuou por mais de trinta anos como professora de Educação Infantil e Ensino Fundamental das redes municipal e particular no município do Rio de Janeiro.

Armando Coelho de Carvalho Neto

Atua desde 1981 com alunos e professores das redes oficial e particular de ensino do Rio de Janeiro. Desenvolve pesquisas e estudos sobre metodologias e teorias modernas de aprendizado. É autor de obras didáticas para Ensino Fundamental e Educação Infantil desde 1993.

editora scipione

editora scipione

Diretoria de conteúdo e inovação pedagógica
Mário Ghio Júnior
Diretoria editorial
Lidiane Vivaldini Olo
Gerência editorial
Luiz Tonolli
Editoria de Anos Iniciais
Tatiany Telles Renó
Edição
Tatiany Telles Renó e
Nathalia de Oliveira Matsumoto
Arte
Ricardo de Gan Braga (superv.),
Andréa Dellamagna (coord. de criação),
Gláucia Correa Koller (progr. visual de capa e miolo),
Elen Coppini Camioto (editora de arte) e
Christine Getschko (assist. de arte)
Revisão
Hélia de Jesus Gonsaga (ger.),
Rosângela Muricy (coord.), Ana Curci (prep.),
Luís Maurício Boa Nova, Vanessa de Paula Santos
e Brenda Morais (estag.)
Iconografia
Sílvio Kligin (superv.), Tamires Reis Castillo (pesquisa),
César Wolf e Fernanda Crevin (tratamento de imagem)
Ilustrações
ArtefatoZ (capa), Juan Carlos Federico (aberturas),
Ilustra Cartoon, Kanton e Silvana
e Fábio Sgroi

Direitos desta edição cedidos à Editora Scipione S.A.
Avenida das Nações Unidas, 7221, 3º andar, Setor D
Pinheiros – São Paulo – SP – CEP 05425-902
Tel.: 4003-3061
www.scipione.com.br / atendimento@scipione.com.br

2019
ISBN 978 85 262 9618 3 (AL)
ISBN 978 85 262 9617 6 (PR)
Cód. da obra CL 738970
CAE 541 681 (AL) / 541 701 (PR)
5ª edição
1ª impressão
Impressão e acabamento
EGB Editora Gráfica Bernardi Ltda.

ABDR — Associação Brasileira de Direitos Reprográficos — Cópia não autorizada é crime — Respeite o direito autoral — EDITORA AFILIADA

Dados Internacionais de Catalogação na Publicação (CIP)
(Câmara Brasileira do Livro, SP, Brasil)

Marsico, Maria Teresa
Marcha criança : educação infantil : matemática / Maria Teresa Marsico, Armando Coelho de Carvalho Neto. -- 5. ed. -- São Paulo : Scipione, 2015. -- (Coleção marcha criança)

Obra em 3 v.

1. Matemática (Educação infantil) I. Carvalho Neto, Armando Coelho de. II. Título. III. Série.

15-02790 CDD-372.21

Índice para catálogo sistemático:
1. Matemática : Educação infantil 372.21

PREPARAMOS ESTE LIVRO COM MUITO CARINHO ESPECIALMENTE PARA VOCÊ. ELE ESTÁ REPLETO DE SITUAÇÕES E ATIVIDADES MOTIVADORAS, QUE CERTAMENTE DESPERTARÃO SEU INTERESSE E LHE PROPORCIONARÃO MUITAS DESCOBERTAS. ESPERAMOS QUE COM ELE VOCÊ ENCONTRE SATISFAÇÃO NO CONSTANTE DESAFIO DE APRENDER!

OS AUTORES

Os textos sem referência são de autoria de Maria Teresa Marsico e Armando Coelho.

CONHEÇA SEU LIVRO

COM A COLEÇÃO **MARCHA CRIANÇA** VOCÊ APRENDE BRINCANDO!

RODA DE CONVERSA

EM CADA INÍCIO DE UNIDADE, VOCÊ SERÁ CONVIDADO A TROCAR EXPERIÊNCIAS, CONVERSANDO COM SEUS COLEGAS SOBRE ASSUNTOS VARIADOS.

O TEMA É...

ESTA SEÇÃO VAI FAZER VOCÊ REFLETIR E COMPREENDER MELHOR O MUNDO EM QUE VIVEMOS.

ALMANAQUE DOS NÚMEROS

ESTE É UM MATERIAL À PARTE CHEIO DE ATIVIDADES EXTRAS PARA VOCÊ CONTINUAR APRENDENDO E SE DIVERTINDO.

FAZENDO ARTE

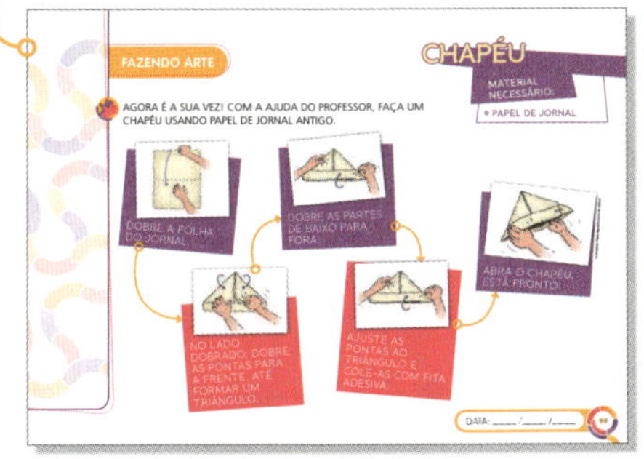

ESTA SEÇÃO TRAZ PROPOSTAS DE ATIVIDADES ARTÍSTICAS, ÓTIMAS PARA DESENVOLVER A CRIATIVIDADE.

SUGESTÕES PARA O ALUNO

NESTAS PÁGINAS, INDICAÇÕES DE LIVROS, CDs E DVDs PARA COMPLEMENTAR OS TEMAS ESTUDADOS.

HORA DE BRINCAR

NESTA SEÇÃO, VOCÊ VAI SE DIVERTIR COM JOGOS, BRINCADEIRAS E PASSATEMPOS MUITO INTERESSANTES!

MATERIAL DE APOIO E ADESIVOS

NO FINAL DO LIVRO, VOCÊ ENCONTRARÁ MATERIAIS PARA REALIZAR ALGUMAS ATIVIDADES DE MANEIRA DIVERTIDA.

ÍCONES

AO LONGO DO LIVRO VOCÊ VAI ENCONTRAR OS ÍCONES A SEGUIR, QUE DÃO DICAS SOBRE AS ATIVIDADES.

ADESIVO
COLAGEM
CONFECÇÃO
DESENHO
EXPRESSÃO CORPORAL
EXPRESSÃO ORAL
LEITURA
PERCEPÇÃO VISUAL
PINTURA
TRAÇADO

SUMÁRIO

Ilustrações: Juan Carlos Federico/ Arquivo da editora

UNIDADE 1

UM MUNDO DE CORES E FORMAS

Juan Carlos Federico/Arquivo da editora

RODA DE CONVERSA

CARINA ACORDOU CEDO. ELA PÔDE VER O SOL BRILHANDO NO CÉU E UM LINDO ARCO-ÍRIS. VEJA QUANTAS CORES CARINA VIU.

Ilustra Cartoon/Arquivo da editora

QUAL É A SUA COR PREFERIDA?

DATA: _____ /_____ /_____

CORES

A COR PREFERIDA DE CARINA É [amarelo]. PINTE A ROUPA E O SAPATO DE CARINA COM ESSA COR.

MENINA BONITA
DO LAÇO DE FITA,
ME DIZ O QUE FAZ
PRA FICAR TÃO BONITA.

CANTIGA POPULAR

Ilustra Cartoon/Arquivo da editora

DATA: _____ /_____ /_____

CARINA É A DONA DE MILU.
PINTE O LAÇO DA GATINHA DE . DEPOIS, PINTE O PELO DE MILU DE .

A GATINHA MILU
É MUITO VAIDOSA,
DE LAÇO VERMELHO
FICA TODA PROSA.

Ilustra Cartoon/Arquivo da editora

ESTÁ NA HORA DO CAFÉ DA MANHÃ. VEJA O BOLO DE MILHO QUE A MÃE DE CARINA FEZ.
A ESPIGA DE MILHO É . PINTE O BOLO COM ESSA COR.

Ilustrações: Kanton e Silvana/Arquivo da editora

ESPIGA DE MILHO

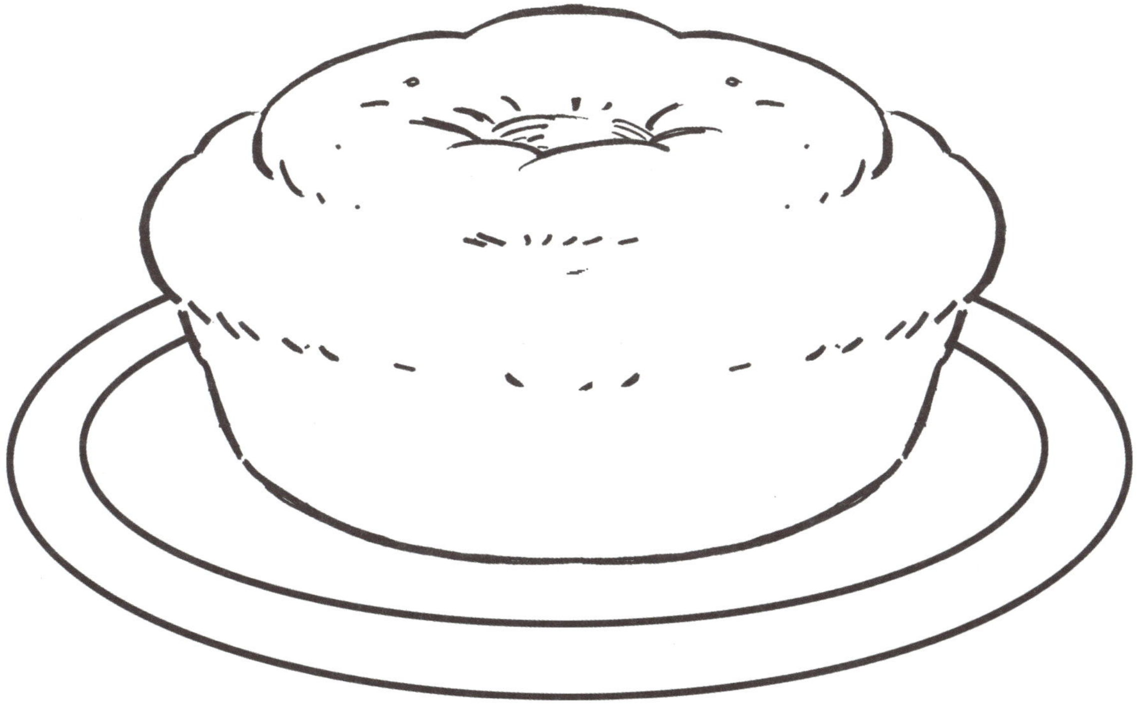

BOLO

HORA DE IR PARA A ESCOLA. CARINA GOSTA MUITO DE COMER FRUTAS. POR ISSO, A MÃE DELA SEPAROU UMA MAÇÃ PARA ELA COMER NO LANCHE DA ESCOLA.
PINTE AS FRUTAS DE OU DE .

SE BANANA RIMA COM ANA
E MAÇÃ RIMA COM ROMÃ,
ENTÃO PERA RIMA COM CERA
E MORANGO, COM ORANGOTANGO.

AGORA, FAÇA O DESENHO DE SUA FRUTA PREFERIDA.

DATA: _____ /_____ /_____

NA ESCOLA, CARINA ESTÁ APRENDENDO A RECITAR ALGUNS VERSOS COM A PROFESSORA. VAMOS RECITÁ-LOS TAMBÉM?

LÁ VAI MEU BARQUINHO A NAVEGAR,
VAI BEM SOZINHO NO DO MAR.
NAVEGA, NAVEGA SEM PARAR,
TENHO MUITA PRESSA DE CHEGAR.

PINTE A ÁGUA DO MAR COM A COR INDICADA NO POEMA.

Kanton e Silvana/Arquivo da editora

A PROFESSORA DE CARINA MOSTROU PARA A TURMA UMA OBRA DE ARTE. ELA FOI FEITA PELA PINTORA BRASILEIRA TARSILA DO AMARAL.

DIGA TUDO O QUE VOCÊ VÊ NA TELA E QUE CORES FORAM USADAS.

Óleo sobre tela, 52 cm × 65 cm. Coleção particular.

PAISAGEM COM TOURO,
DE TARSILA DO AMARAL, 1925.

ASSINALE COM UM **X** OS VIDROS QUE TÊM AS DUAS CORES MAIS UTILIZADAS PELA PINTORA.

Kanton e Silvana/Arquivo da editora

DATA: _____ /_____ /_____

A PROFESSORA DE CARINA DISTRIBUIU ALGUMAS HISTÓRIAS PARA A TURMA. CARINA GOSTOU DO QUADRINHO DA TURMA DA MÔNICA. VAMOS TERMINAR DE COLORIR?
PINTE AS LARANJAS DE .

DISPONÍVEL EM: <WWW.TURMADAMONICA.COM.BR>. ACESSO EM: 3 FEV. 2015.

DATA: _____ /_____ /_____

AGORA OS ALUNOS DA TURMA DE CARINA É QUE VÃO CONTAR HISTÓRIAS. VEJA O COMEÇO DA HISTÓRIA QUE CARINA CONHECE. NELA HÁ UMA ÁRVORE ENCANTADA.

É UMA ÁRVORE ENCANTADA
E FOI CRIADA POR UMA FADA.
TEM FOLHAS ENGRAÇADINHAS
E ELAS SÃO BEM VERDINHAS.

Ilustrações: Kanton e Silvana/Arquivo da editora

PINTE AS FOLHAS DA ÁRVORE COM A COR CITADA NESSE TRECHO DA HISTÓRIA.

DATA: ____ /____ /____

A PROFESSORA DE CARINA PEDIU AOS ALUNOS QUE FIZESSEM O DESENHO DE UMA FLOR. CARINA DESENHOU UMA VIOLETA. VAMOS PINTÁ-LA?

PINTE A FLOR DE [vermelho] E DEPOIS DE [azul].

AGORA PINTE AS FOLHAS DE [verde].

Kanton e Silvana/Arquivo da editora

DATA: _____ /_____ /_____

O TEMA É...

CORES NO TRÂNSITO!

AS CORES DO SEMÁFORO INDICAM O QUE OS MOTORISTAS DEVEM FAZER.
USE PAPEL PICADO NAS CORES , , E COLE NOS LUGARES CERTOS DOS SEMÁFOROS ABAIXO.

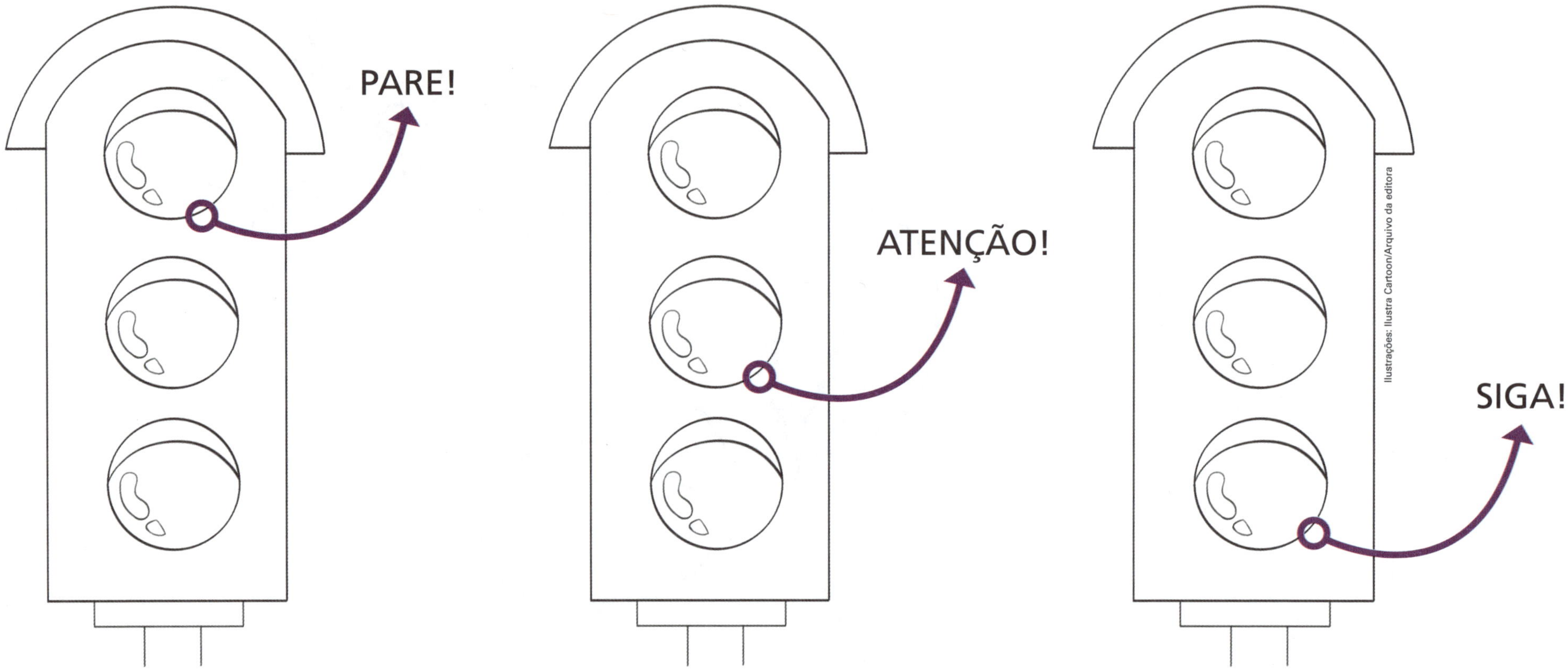

Ilustrações: Ilustra Cartoon/Arquivo da editora

DATA: _____ /_____ /_____

FORMAS

A PROFESSORA RECOLHEU OS DESENHOS DE FLORES DA TURMA E LEU ESTES VERSOS:

QUANTAS FLORES,
QUANTAS CORES,
IGUAIS OU DIFERENTES,
ALEGRAM TANTO A GENTE!

PINTE AS FLORES **IGUAIS** USANDO A MESMA COR.

Ilustrações: Kanton e Silvana/ Arquivo da editora

DATA: _____ /_____ /_____

VEJA OUTROS VERSOS QUE A TURMA DE CARINA APRENDEU:

FUI MORAR NUMA CASINHA-NHA
INFESTADA-DA DE CUPIM-PIM-PIM.
SAIU DE LÁ LÁ LÁ
UMA LAGARTIXA-XA,
OLHOU PRA MIM,
OLHOU PRA MIM E FEZ ASSIM...

CANTIGA POPULAR

PINTE A CASINHA **DIFERENTE**.

Ilustrações: Kanton e Silvana/ Arquivo da editora

DATA: ____ /____ /____

VÍTOR ESTUDA NA CLASSE DE CARINA. ELE VAI FAZER ANIVERSÁRIO E CONVIDOU TODOS OS COLEGUINHAS DA TURMA PARA SUA FESTA. A MENINA COMPROU UMA BOLA DE PRESENTE PARA ELE.

CIRCULE O PACOTE COM O PRESENTE DE CARINA.

Ilustrações: Kanton e Silvana/Arquivo da editora

DATA: _____ /_____ /_____

NA FESTA DE ANIVERSÁRIO DE VÍTOR, TODAS AS CRIANÇAS VÃO GANHAR UM CHAPÉU COMO ESTE:

Ilustrações: Kanton e Silvana/Arquivo da editora

QUAL FORMA MAIS SE PARECE COM ESSE CHAPÉU? CIRCULE-A.

DATA: _____ /_____ /_____

CHEGOU A HORA DE COMER O BOLO DA FESTA!

Ilustra Cartoon/Arquivo da editora

QUAL É A FORMA QUE MAIS SE PARECE COM O BOLO DE ANIVERSÁRIO DE VÍTOR? CIRCULE-A.

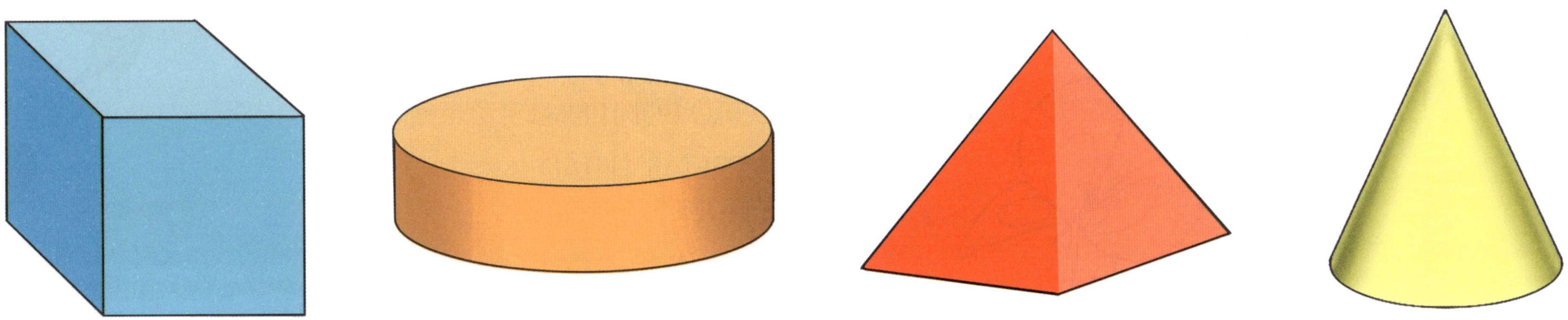

Ilustrações: Kanton e Silvana/Arquivo da editora

DATA: _____ /_____ /_____

NOÇÕES DE AGRUPAMENTO

A TURMA DE CARINA FEZ UM PASSEIO NO PARQUE. LÁ OS ALUNOS SE ENCANTARAM COM AS CORES DAS BORBOLETAS.

LEIA O TEXTO COM O PROFESSOR E OS COLEGAS.

AS BORBOLETAS

BRANCAS
AZUIS
AMARELAS
E PRETAS
BRINCAM
NA LUZ
AS BELAS
BORBOLETAS.

BORBOLETAS BRANCAS
SÃO ALEGRES E FRANCAS.

BORBOLETAS AZUIS
GOSTAM MUITO DE LUZ.

AS AMARELINHAS
SÃO TÃO BONITINHAS!

E AS PRETAS, ENTÃO...
OH, QUE ESCURIDÃO!

A ARCA DE NOÉ, DE VINICIUS DE MORAES.
SÃO PAULO: COMPANHIA DAS LETRINHAS, 2004.

Ilustrações: Kanton e Silvana/Arquivo da editora

DATA: _____ /_____ /_____

HAVIA MUITAS BORBOLETAS COLORIDAS POR TODA PARTE.
FORME GRUPOS DE BORBOLETAS DA MESMA COR, CIRCULANDO-AS COM LÁPIS DE CORES DIFERENTES.

Ilustrações: Kanton e Silvana/Arquivo da editora

CARINA FICOU ENCANTADA COM OS ANIMAIS QUE VIU NO LAGO.
CIRCULE DE (vermelho) O GRUPO DE PEIXINHOS.
CIRCULE DE (verde) O GRUPO DE PATOS.

ENTROU PELA PERNA DO PATO,
SAIU PELA PERNA DO PINTO.
O REI MANDOU DIZER
QUE QUEM QUISER
QUE CONTE CINCO:
UM, DOIS, TRÊS, QUARTO, CINCO.

PARLENDA POPULAR

Ilustrações: Ilustra Cartoon/ Arquivo da editora

DATA: _____ /_____ /_____

CORRESPONDÊNCIA

A TURMA DE CARINA ENCONTROU ESTES OUTROS ANIMAIS DURANTE O PASSEIO NO PARQUE. LIGUE CADA FILHOTE À SUA MÃE.

Ilustrações: Ilustra Cartoon/ Arquivo da editora

A TURMA DE CARINA TAMBÉM VIU ALGUNS COELHOS NO PARQUE. ESSES ANIMAIS ADORAM CENOURA!
LIGUE CADA CENOURA A UM COELHO.

Ilustra Cartoon/Arquivo da editora

HÁ MAIS CENOURAS OU COELHOS? COMO VOCÊ DESCOBRIU ISSO?

DATA: ____ /____ /____

VOLTANDO DO PARQUE, OS ALUNOS AINDA BRINCARAM NA ESCOLA. VAMOS ARRUMAR OS BRINQUEDOS?

LIGUE CADA BRINQUEDO AO GRUPO A QUE ELE PERTENCE.

Ilustrações: Kanton e Silvana/Arquivo da editora

AGORA FALTA ARRUMAR A SALA DE AULA. LIGUE A FIGURA AO OBJETO DE FORMA PARECIDA.

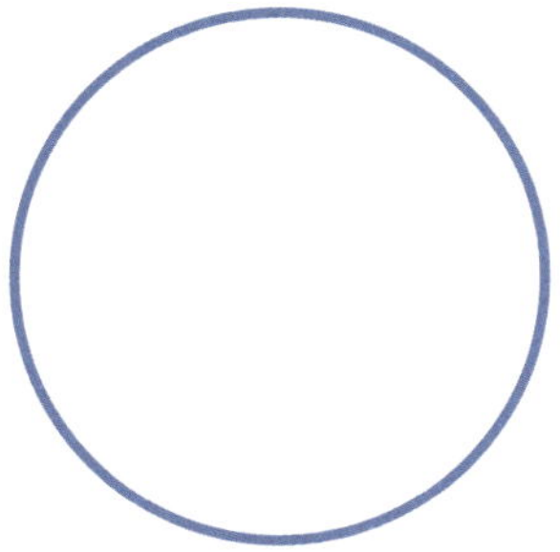

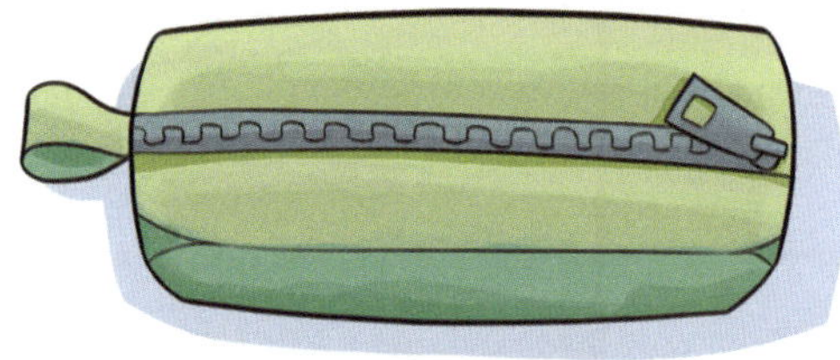

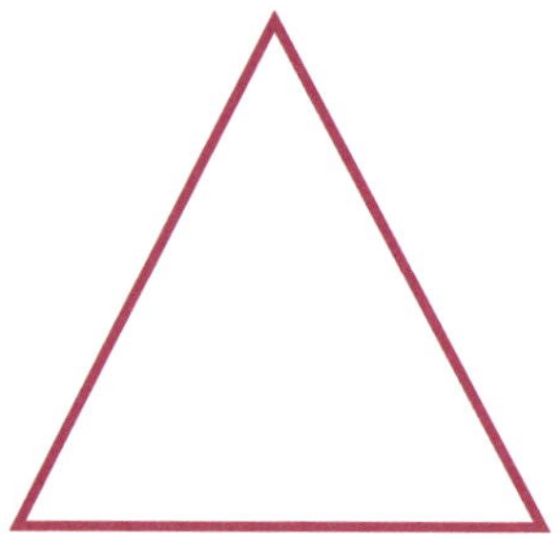

Ilustrações: Ilustra Cartoon/
Arquivo da editora

DATA: _____ /_____ /_____

NOÇÕES DE GEOMETRIA

A TURMA DE CARINA ESTÁ APRENDENDO SOBRE RECICLAGEM. VEJA O BONECO QUE OS ALUNOS MONTARAM COM MATERIAL DE SUCATA.

PINTE DA MESMA COR OS OBJETOS QUE TÊM A MESMA FORMA.

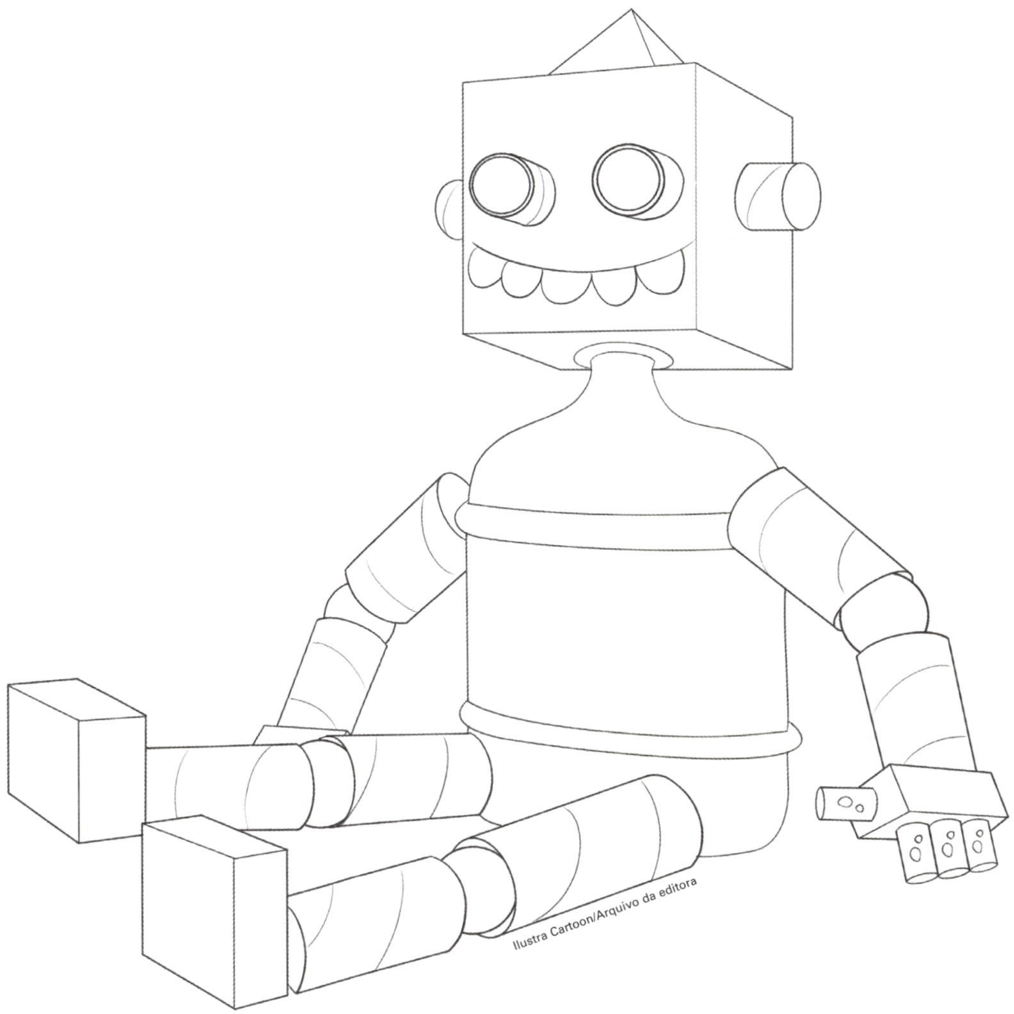

Ilustra Cartoon/Arquivo da editora

DATA: _____ /_____ /_____

A PROFESSORA VAI BRINCAR COM A TURMA DE CARINA. NA BRINCADEIRA, CADA ALUNO DEVE ENTRAR NUMA FIGURA QUE A PROFESSORA FEZ NO CHÃO.

IVAN ENTROU NO **QUADRADO**.

CONTORNE E PINTE A FIGURA COM CANETINHA.

Ilustra Cartoon/Arquivo da editora

DATA: _____ /_____ /_____

BIA ENTROU NO **CÍRCULO**.
CONTORNE E PINTE A FIGURA COM GIZ DE CERA.

Ilustra Cartoon/Arquivo da editora

DATA: _____ /_____ /_____

TADEU ENTROU NO **RETÂNGULO**.
CONTORNE E PINTE A FIGURA COM LÁPIS DE COR .

Ilustra Cartoon/Arquivo da editora

DATA: _____ /_____ /_____

ANA ENTROU NO **TRIÂNGULO**.
USE GIZ DE CERA OU LÁPIS DE COR PARA CONTORNAR E PINTAR A FIGURA.

Ilustra Cartoon/Arquivo da editora

DATA: _____ /_____ /_____

AO FINAL DA AULA, A PROFESSORA CONTOU A HISTÓRIA DO BONECO PINÓQUIO PARA DIVERTIR A TURMA. VOCÊ CONHECE ESSA HISTÓRIA?
DESTAQUE OS ADESIVOS DO FINAL DO LIVRO E COLE-OS NA CENA.

Kanton/Arquivo da editora

DATA: _____ /_____ /_____

FAZENDO ARTE

VAMOS CONSTRUIR O BONECO PINÓQUIO USANDO MASSINHA DE MODELAR? SIGA AS ETAPAS DE CADA IMAGEM E MÃOS À OBRA.

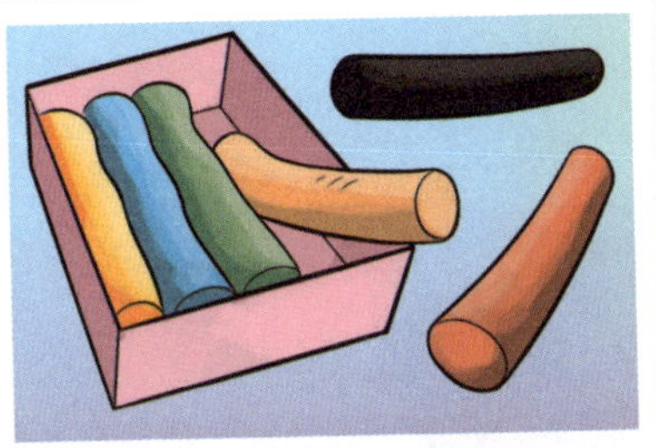

SEPARE MASSINHA DE MODELAR DE DIVERSAS CORES.

MOLDE UM CÍRCULO. ELE SERÁ A CABEÇA DO PINÓQUIO.

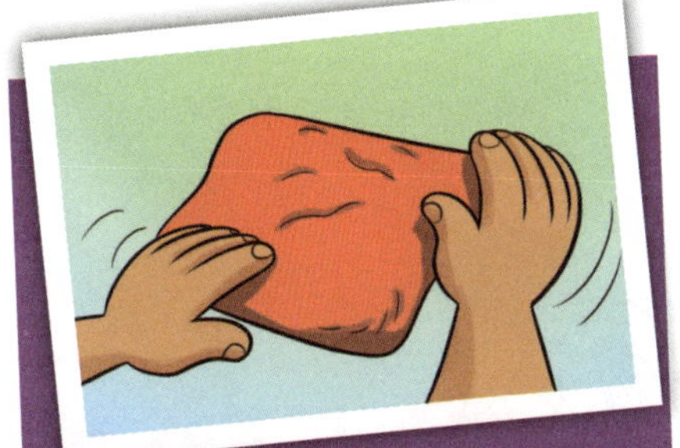

FAÇA UM QUADRADO. ELE SERÁ O TRONCO.

AGORA É A VEZ DOS BRAÇOS E DAS PERNAS DO BONECO. FAÇA QUATRO RETÂNGULOS.

MOLDE QUATRO TRIÂNGULOS PARA AS MÃOS E OS PÉS.

FAÇA OS OLHOS, O NARIZ E A BOCA DO PINÓQUIO.

Ilustrações: Ilustra Cartoon/Arquivo da editora

DATA: _____ /_____ /_____

HORA DE BRINCAR

JOGO COM DADO DE CORES

USE AS PEÇAS DA PÁGINA 3 DO **MATERIAL DE APOIO** E O DADO COLORIDO FEITO PELO SEU PROFESSOR.

SIGA AS INSTRUÇÕES DELE E DIVIRTA-SE!

Ilustra Cartoon/Arquivo da editora

DATA: _____ /_____ /_____

UNIDADE 2

APRENDENDO A SE LOCALIZAR COM OS COLEGAS

Juan Carlos Federico/Arquivo da editora

RODA DE CONVERSA

CARINA ACABOU DE CHEGAR À ESCOLA. ELA ENCONTROU SEUS AMIGOS DE CLASSE NO PÁTIO. ELES ESTÃO SE ARRUMANDO PARA ENTRAR NA SALA DE AULA.

Ilustra Cartoon/Arquivo da editora

NA SUA TURMA, QUEM É O PRIMEIRO E QUEM É O ÚLTIMO ALUNO DA FILA?

DATA: _____ /_____ /_____

NOÇÕES DE POSIÇÃO

MAIS UM DIA DE AULA VAI COMEÇAR. OS ALUNOS ESTÃO EM FILA PARA SUBIR A ESCADA E ENTRAR NA SALA.

FAÇA UM **X** NA CRIANÇA QUE ESTÁ **NA FRENTE** DA FILA.

CIRCULE A CRIANÇA QUE ESTÁ **ATRÁS** DE TODAS.

Ilustra Cartoon/Arquivo da editora

DATA: _____ /_____ /_____

HOJE É O PRIMEIRO DIA DE AULA DE RAFAEL NA TURMA DE CARINA. ELE ACABOU DE ENTRAR NA SALA.

CIRCULE QUEM ESTÁ **EM PÉ**. FAÇA UM **X** EM QUEM ESTÁ **SENTADO**.

Ilustra Cartoon/Arquivo da editora

COMO FOI SEU PRIMEIRO DIA DE AULA? VOCÊ SE LEMBRA DE QUEM SENTOU MAIS PERTO DE VOCÊ? CONTE PARA A TURMA.

DATA: _____ /_____ /_____

AS CRIANÇAS ESTAVAM TERMINANDO DE PINTAR UM DESENHO QUANDO O SINAL TOCOU. É HORA DO RECREIO! ALGUMAS CRIANÇAS BRINCAM COM A BOLA.

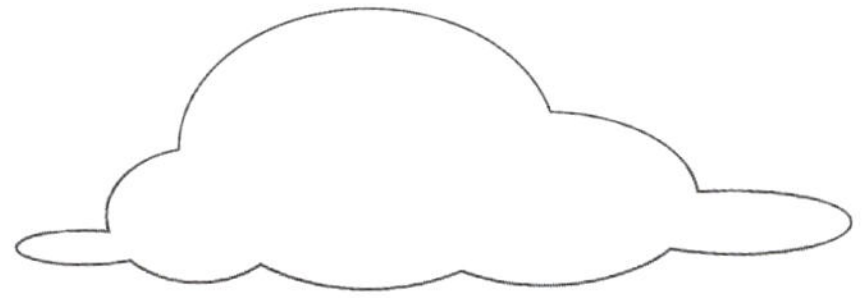

BOLA QUE CORRE,
BOLA QUE PULA,
LÁ VAI A BOLA,
A QUE ROLA.

CUIDADO COM A BOLA,
A BOLA QUE PULA,
A BOLA QUE ROLA,
SENÃO ELA VAI EMBORA.

PINTE A CENA E DEPOIS:
DESENHE UMA BOLA **PERTO** DO PÉ DO MENINO.
DESENHE UMA ÁRVORE **LONGE** DA BOLA.

Ilustra Cartoon/Arquivo da editora

DATA: _____ /_____ /_____

O DIRETOR PRECISOU ABRIR O PORTÃO PARA SAIR DA ESCOLA. VEJA O QUE ACONTECEU COM A BOLA.
PINTE DE O PORTÃO QUE ESTÁ **ABERTO**.
FAÇA UM **X** NO PORTÃO QUE ESTÁ **FECHADO**.

A BOLA FOI ROLANDO,
FOI ROLANDO
SEM PARAR.
PASSOU PELO PORTÃO
E NA RUA FOI PARAR.

Ilustra Cartoon/Arquivo da editora

AGORA PINTE O RESTANTE DA CENA COMO QUISER.

DATA: _____ /_____ /_____

ALGUMAS CRIANÇAS ADORAM BRINCAR NA PISCINA DE BOLINHAS DA QUADRA DA ESCOLA.
USE GIZ DE CERA PARA PINTAR AS BOLAS QUE ESTÃO **DENTRO** DA PISCINA.
DESENHE OUTRAS BOLAS **FORA** DA PISCINA.

Kanton/Arquivo da editora

DATA: _____ /_____ /_____

OUTRAS CRIANÇAS PREFEREM BRINCAR DE TRENZINHO.
PINTE O **PRIMEIRO** DA FILA.
FAÇA UM **X** NO **ÚLTIMO** DA FILA.

O TREM DE FERRO
QUANDO SAI DE PERNAMBUCO
VAI FAZENDO XIQUE-XIQUE
ATÉ CHEGAR NO CEARÁ.

REBOLA A BOLA
VOCÊ DIZ QUE VAI ENTRAR,
VOCÊ DIZ QUE DÁ NA BOLA,
MAS NA BOLA VOCÊ NÃO DÁ.

CANTIGA POPULAR

Ilustra Cartoon/Arquivo da editora

VAMOS BRINCAR DE TRENZINHO?
SIGA AS ORIENTAÇÕES DO PROFESSOR.

ESTAS CRIANÇAS GOSTAM DE BRINCAR DE AMARELINHA NO RECREIO.
FAÇA UM **X** NAS CRIANÇAS QUE ESTÃO **DE COSTAS**.
CIRCULE AS CRIANÇAS QUE ESTÃO **DE FRENTE**.

Ilustra Cartoon/Arquivo da editora

DO QUE VOCÊ GOSTA DE BRINCAR NO RECREIO? CONTE PARA O PROFESSOR E A TURMA.

DATA: _____ /_____ /_____

FIM DO RECREIO. PARA TERMINAR O DIA TEM TEATRO NA ESCOLA!
OBSERVE O PALCO E FAÇA UM **X** NA MÁSCARA QUE ESTÁ **EM CIMA** DO ARMÁRIO.
CIRCULE A MÁSCARA QUE ESTÁ ESCONDIDA **EMBAIXO** DA MESA.

Ilustra Cartoon/Arquivo da editora

DATA: _____ /_____ /_____

HOJE É DIA DE PESQUISA. AS CRIANÇAS PESQUISARAM ANIMAIS E DEPOIS MONTARAM CARTAZES COM AS FIGURAS QUE ENCONTRARAM.

CIRCULE O ANIMAL QUE ESTÁ **ACIMA** DO  .

FAÇA UM **X** NO ANIMAL QUE ESTÁ **ABAIXO** DO  .

PINTE DE  O ANIMAL QUE ESTÁ **ENTRE**

O  E O  .

Ilustrações: Kanton e Silvana/Arquivo da editora

DATA: _____ /_____ /_____

AS CRIANÇAS FIZERAM UMA EXPOSIÇÃO COM TODOS OS CARTAZES.
CIRCULE O CARTAZ QUE ESTÁ **NO MEIO**.
FAÇA UM **X** NO CARTAZ QUE ESTÁ **AO LADO** DA PROFESSORA.

Kanton e Silvana/Arquivo da editora

Ilustra Cartoon/Arquivo da editora

NOÇÕES DE DIREÇÃO E SENTIDO

AGORA É HORA DA AULA DE EDUCAÇÃO FÍSICA! A TURMA DE CARINA ESTÁ BRINCANDO DE CORDA.
FAÇA UM **X** NA CRIANÇA QUE VAI PASSAR **POR BAIXO** DA CORDA.
CIRCULE A CRIANÇA QUE ESTÁ PULANDO **POR CIMA** DA CORDA.

Ilustra Cartoon/Arquivo da editora

DATA: _____ /_____ /_____

HORA DO RECREIO! NATÁLIA E SEUS AMIGOS ESTÃO BRINCANDO NO PARQUINHO.

PINTE DE [amarelo] A ROUPA DA CRIANÇA QUE ESTÁ NO BRINQUEDO **À DIREITA** DE NATÁLIA.

PINTE DE [azul] A ROUPA DA CRIANÇA QUE ESTÁ NO BRINQUEDO **À ESQUERDA** DE NATÁLIA.

COMPLETE O RESTANTE DO DESENHO COM LÁPIS DE COR [vermelho].

Ilustra Cartoon/Arquivo da editora

NATÁLIA

DATA: _____ /_____ /_____

NO PÁTIO, AS CRIANÇAS ADORAM OLHAR OS PASSARINHOS.
OBSERVE AS FOTOS DO PÁSSARO ABAIXO. EM UMA ELE ESTÁ VOANDO **PARA BAIXO** E NA OUTRA, **PARA CIMA**.

ESTÁ VOANDO PARA BAIXO

Alistair Scott/Shutterstock/Glow Images

ESTÁ VOANDO PARA CIMA

Visceral Image/Shutterstock/Glow Images

EM CADA UMA DAS FOTOS, PARA ONDE O PASSARINHO ESTÁ OLHANDO? E PARA ONDE ELE ESTÁ INDO? VOCÊ CONSEGUE IMAGINAR? CONVERSE COM SEUS COLEGAS E O PROFESSOR.

DATA: _____ /_____ /_____

ALGUNS ALUNOS ESTÃO TOMANDO LANCHE NO PÁTIO.

PINTE DE [verde] A ROUPA DA CRIANÇA QUE ESTÁ **À ESQUERDA** DAQUELA QUE ESTÁ COMENDO MAÇÃ.

FAÇA UM **X** NAS CRIANÇAS QUE ESTÃO OLHANDO **PARA BAIXO**.

MEU LANCHINHO, MEU LANCHINHO,
VOU COMER, VOU COMER
PRA FICAR FORTINHO, PRA FICAR FORTINHO
E CRESCER! E CRESCER!

CANTIGA POPULAR

Ilustra Cartoon/Arquivo da editora

DATA: _____ /_____ /_____

NOÇÕES DE SEQUÊNCIA

DEPOIS DO RECREIO, A PROFESSORA LEVOU A TURMA DE CARINA PARA UM PASSEIO NO ZOOLÓGICO. PRESTE ATENÇÃO NOS SAPOS DA LAGOA. ELES ESCONDEM UM SEGREDO. DESCUBRA QUAL É E CONTINUE PINTANDO.

O SAPO NÃO LAVA O PÉ,
NÃO LAVA PORQUE NÃO QUER.
ELE MORA LÁ NA LAGOA,
NÃO LAVA O PÉ PORQUE NÃO QUER.
MAS QUE CHULÉ!

CANTIGA POPULAR

Kanton e Silvana/Arquivo da editora

DATA: _____ /_____ /_____

OBSERVE ESTAS DUAS FAMÍLIAS DE ELEFANTES QUE OS ALUNOS VIRAM.
CIRCULE A FAMÍLIA QUE ESTÁ FAZENDO UMA FILA DO **MENOR** PARA O **MAIOR**.

Kanton e Silvana/Arquivo da editora

DATA: _____ /_____ /_____

VEJA QUE PAISAGEM BONITA A TURMA DE CARINA VIU NA SAÍDA DO ZOOLÓGICO. AS ÁRVORES PARECEM FORMAR UMA "ESCADINHA".

Ilustra Cartoon/Arquivo da editora

MARQUE COM UM **X** A RESPOSTA CORRETA.
AS ÁRVORES ESTÃO DISPOSTAS:

☐ DA MENOR PARA A MAIOR.

☐ DA MAIOR PARA A MENOR.

DATA: _____ /_____ /_____

NOÇÕES DE TEMPO

NO FIM DE SEMANA RAFAEL E SEUS PRIMOS FORAM AO SÍTIO DO AVÔ DELES. AS CRIANÇAS PASSARAM O DIA TODO BRINCANDO. QUANDO CHEGOU A NOITE, FORAM DORMIR.

FAÇA UM **X** NA FIGURA EM QUE É DIA.

CIRCULE A FIGURA EM QUE É NOITE.

Ilustrações: Ilustra Cartoon/Arquivo da editora

DATA: _____ /_____ /_____

E VOCÊ, O QUE FAZ DURANTE O DIA? E À NOITE? DESENHE NOS ESPAÇOS ABAIXO.

DIA

NOITE

DATA: _____ /_____ /_____

LÁ NO SÍTIO OS PRIMOS VIRAM UM PINTINHO NASCER.
CIRCULE O QUE ACONTECEU **ANTES** E PINTE O QUE ACONTECEU **DEPOIS**.

MEU PINTINHO AMARELINHO
CABE AQUI NA MINHA MÃO.
QUANDO QUER COMER BICHINHOS,
COM SEUS PEZINHOS
ELE CISCA O CHÃO.
ELE BATE AS ASAS, ELE FAZ PIU-PIU,
MAS TEM MUITO MEDO É DO GAVIÃO.

CANTIGA POPULAR

Ilustrações: Kanton/Arquivo da editora

O TEMA É...

SAÚDE!

DEVEMOS TER HÁBITOS DE HIGIENE PARA MANTER NOSSA SAÚDE E BEM-ESTAR.
FAÇA UM **X** NO QUE ACONTECEU ANTES. CIRCULE O QUE ACONTECEU DEPOIS.

Ilustrações: Ilustra Cartoon/Arquivo da editora

DATA: _____ /_____ /_____

HORA DE BRINCAR

VOCÊ CONHECE O JOGO DA COBRINHA?
DESTAQUE OS ADESIVOS DO FINAL DO LIVRO E COLE-OS NA ORDEM DO **MAIOR** PARA O **MENOR**.

DATA: _____ /_____ /_____

UNIDADE 3
BRINCANDO A TURMA APRENDE

Juan Carlos Federico/Arquivo da editora

RODA DE CONVERSA

VAI HAVER GINCANA NA ESCOLA DE CARINA. A TURMA SE ORGANIZOU PARA COMEÇAR A BRINCADEIRA: AS CRIANÇAS MAIS ALTAS ESTÃO ATRÁS DAS CRIANÇAS MAIS BAIXAS.

Ilustra Cartoon/Arquivo da editora

VOCÊ ESTÁ ENTRE AS CRIANÇAS MAIS ALTAS OU MAIS BAIXAS DE SUA TURMA?

DATA: _____ /_____ /_____

NOÇÕES DE MASSA

A TURMA DE CARINA VAI PARTICIPAR DE UMA GINCANA. FAÇA AS ATIVIDADES E AJUDE A TURMA A GANHAR A COMPETIÇÃO.
VEJA ESTAS CAIXAS DE FRUTAS.
FAÇA UM **X** NA **MAIS PESADA**. CIRCULE A **MAIS LEVE**.

Ilustra Cartoon/Arquivo da editora

DE ABÓBORA FAZ MELÃO,
DE MELÃO FAZ MELANCIA.
FAZ DOCE, SINHÁ, FAZ DOCE, SINHÁ,
FAZ DOCE DE MARACUJÁ.

QUEM QUISER APRENDER A DANÇAR
VAI NA CASA DO JUQUINHA.
ELE PULA, ELE DANÇA,
ELE FAZ REQUEBRADINHA.

CANTIGA POPULAR

QUAL É O ANIMAL MAIS PESADO: O GATO OU O LEÃO?
COLE BOLINHAS DE PAPEL NO **MAIS PESADO**.
PINTE O **MAIS LEVE**.

Ilustrações: Kanton e Silvana/Arquivo da editora

DATA: _____ /_____ /_____

SÓ FALTA MAIS ESTA ATIVIDADE PARA A TURMA DE CARINA GANHAR A GINCANA! OBSERVE OS OBJETOS EM CIMA DA MESA DA PROFESSORA.
CIRCULE O **MAIS LEVE**. PINTE O **MAIS PESADO**.

AGORA PRESTE ATENÇÃO NOS OBJETOS SOBRE SUA MESA. DESENHE O **MAIS LEVE** E O **MAIS PESADO**.

NOÇÕES DE CAPACIDADE

OBA! DEPOIS DA GINCANA VAI HAVER FESTA NA ESCOLA! SÓ QUE AINDA HÁ MUITOS BALÕES PARA CARINA E SEUS COLEGAS ENCHEREM.

PINTE OS BALÕES QUE ESTÃO **CHEIOS**.

FAÇA UM **X** NOS BALÕES QUE ESTÃO **VAZIOS**.

Ilustra Cartoon/Arquivo da editora

DATA: _____ /_____ /_____

A FESTA COMEÇOU! AS CRIANÇAS ESTAVAM COM SEDE E TOMARAM TODO O SUCO. CIRCULE A FIGURA QUE MOSTRA COMO FICOU A JARRA DE SUCO DEPOIS QUE AS CRIANÇAS TOMARAM TUDO.

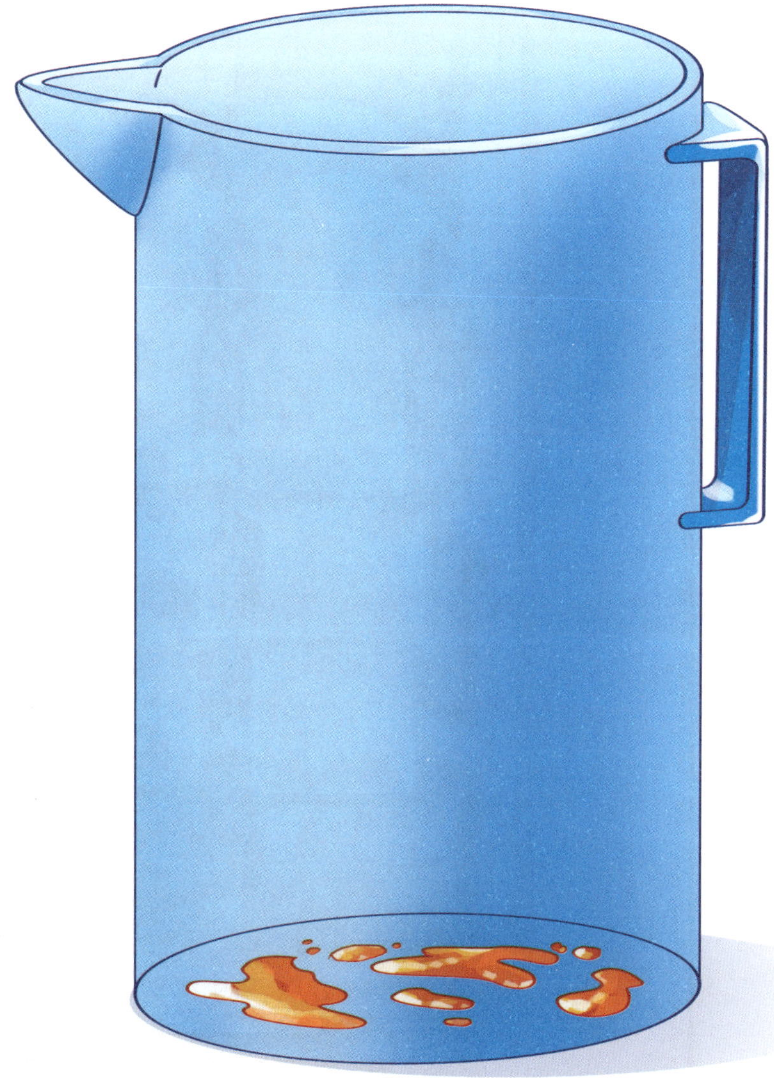

Ilustrações: Ilustra Cartoon/Arquivo da editora

DATA: _____ /_____ /_____

É HORA DE SERVIR OS LANCHES!
MARQUE COM UM **X** A BANDEJA QUE ESTÁ **CHEIA** DE LANCHES.

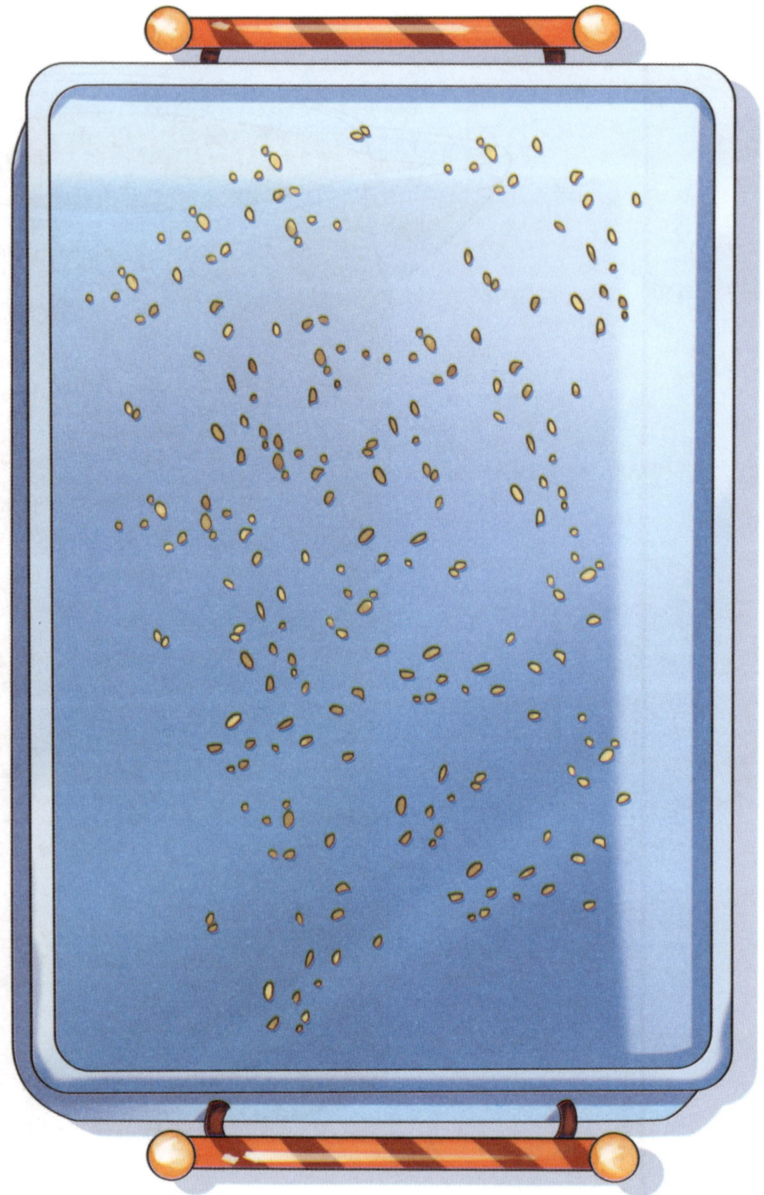

Ilustrações: Ilustra Cartoon/Arquivo da editora

DATA: _____ /_____ /_____

O TEMA É... RECICLAGEM!

A FESTA ACABOU! LUCAS RECOLHEU OS COPOS PLÁSTICOS.
OBSERVE COMO O SACO DE LIXO FICOU **CHEIO**.

Ilustra Cartoon/Arquivo da editora

A COR DA LATA DE LIXO PARA RECICLAR PLÁSTICO É . TERMINE DE PINTAR A LATA DE LIXO.

NOÇÕES DE GRANDEZA

OS ALUNOS DA TURMA DE CARINA ADORAM POESIA. VEJA O POEMA QUE ELES CONHECERAM NA ÚLTIMA AULA.

DESTINO

DE UM LADO ESTÁ
A PIPA,
DE OUTRO LADO,
O MENINO,
LIGADOS POR UM SÓ FIO,
ATADOS A UM SÓ
DESTINO,
QUE PARA AMBOS RESERVA
O MESMO PAPEL:
BAILARINO.
ENQUANTO A PIPA
DANÇA,
DANÇA, TAMBÉM,
O MENINO.

O BAILADO... PRIMEIROS MOVIMENTOS, DE HARDY GUEDES ALCOFORADO FILHO. SÃO PAULO: SCIPIONE, 2007.

Ilustra Cartoon/Arquivo da editora

CADA ALUNO FEZ SUA PIPA COM A AJUDA DA PROFESSORA. DEPOIS A TURMA FOI SOLTAR PIPA NO PARQUE.

DATA: _____ /_____ /_____

VEJA COMO FICARAM AS PIPAS DE CARINA, RAFAEL, JÚLIA E MARCELO.
CIRCULE AS PIPAS DE **MESMO TAMANHO**.
FAÇA UM **X** NAS PIPAS DE **TAMANHO DIFERENTE**.

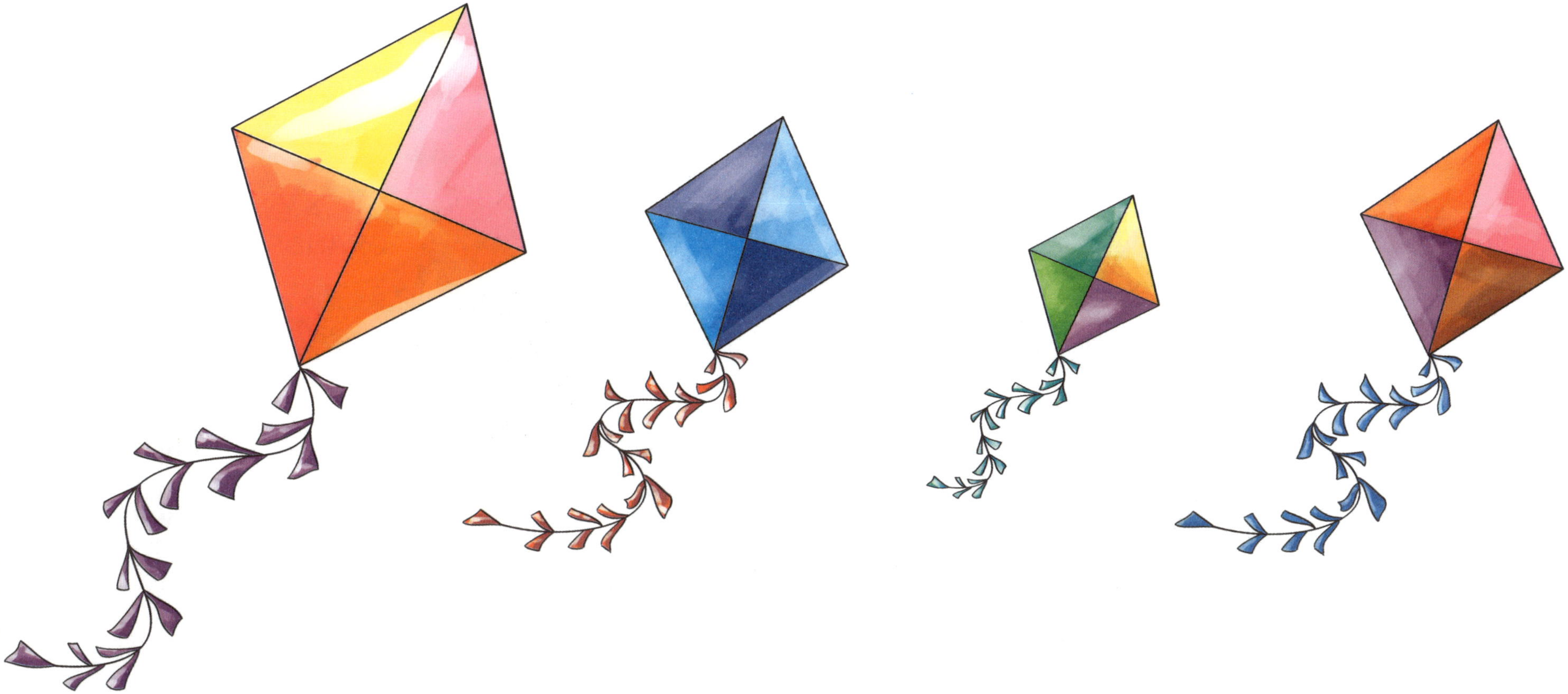

Ilustrações: Ilustra Cartoon/Arquivo da editora

DE QUAL PIPA VOCÊ MAIS GOSTOU? POR QUÊ? CONTE PARA O PROFESSOR E OS COLEGAS.

DATA: _____ /_____ /_____

VEJA ESTAS DUAS CRIANÇAS. QUEM FICOU COM A PIPA **GRANDE**? E COM A PIPA **PEQUENA**? DESTAQUE OS ADESIVOS DO FINAL DO LIVRO E COMPLETE A CENA.

Kanton e Silvana/Arquivo da editora

AS CRIANÇAS ESQUECERAM-SE DE FAZER AS RABIOLAS DAS PIPAS. VAMOS AJUDÁ-LAS?
COLE PEDAÇOS DE PAPEL COLORIDO NA LINHA **MAIS COMPRIDA**.
FAÇA DESENHOS NA LINHA **MAIS CURTA**.

Ilustra Cartoon/Arquivo da editora

DATA: _____ /_____ /_____

CARINA E SEUS COLEGAS ADORAM BRINCAR! ELES GOSTARAM MUITO DE SOLTAR PIPA. AGORA QUEREM JOGAR BASQUETE.

PARA ISSO PRECISARÃO PEGAR A **MAIOR** BOLA DA ESTANTE.

CIRCULE A BOLA QUE AS CRIANÇAS DEVERÃO PEGAR. FAÇA UM **X** NA **MENOR** BOLA.

Ilustra Cartoon/Arquivo da editora

E VOCÊ, TAMBÉM GOSTA DE BRINCAR COM BOLA? CONTE PARA O PROFESSOR E OS COLEGAS.

DATA: _____ /_____ /_____

AS CRIANÇAS JÁ COMEÇARAM A JOGAR BASQUETE!
PINTE A ROUPA E O SAPATO DO **MAIS ALTO** COM LÁPIS DE COR .
CIRCULE O **MAIS BAIXO** COM LÁPIS DE COR .

QUE IMPORTA SE É PEQUENO
OU SE É BEM GRANDALHÃO?
NADA DISSO VAI MOSTRAR
QUANTO É GRANDE O CORAÇÃO!

Ilustra Cartoon/Arquivo da editora

DATA: _____ /_____ /_____

DEPOIS DO BASQUETE, A PROFESSORA CONTOU A HISTÓRIA DE CACHINHOS DOURADOS PARA A TURMA. VOCÊ CONHECE ESSA HISTÓRIA?

UM DIA, AO ANDAR PELA FLORESTA, CACHINHOS DOURADOS AVISTOU LÁ LONGE UMA CASINHA.

COLE UM FIO DE BARBANTE NO CAMINHO **MAIS LARGO**.

COLE UM FIO DE LINHA NO CAMINHO **MAIS ESTREITO**.

Kanton/Arquivo da editora

DATA: _____ /_____ /_____

CACHINHOS DOURADOS ENCONTROU NA CASA UM QUARTO COM TRÊS CAMAS.
PINTE DE  A CAMA QUE TEM O COLCHÃO **MAIS GROSSO**.
FAÇA DESENHOS NA CAMA QUE TEM O COLCHÃO **MAIS FINO**.

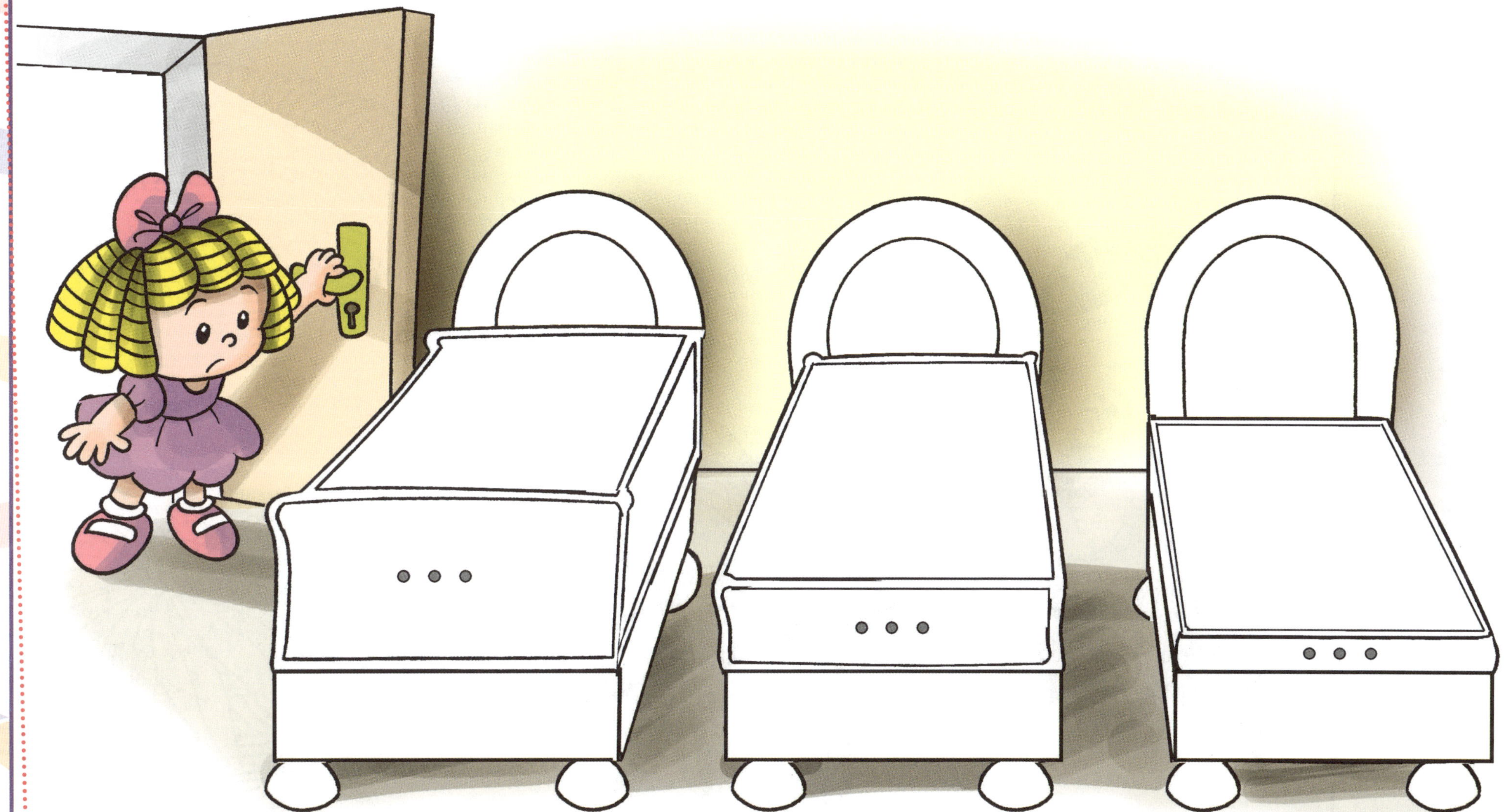

Kanton/Arquivo da editora

DATA: _____ /_____ /_____

NOÇÕES DE QUANTIDADE

A PROFESSORA ORGANIZOU A TURMA EM GRUPOS PARA UMA NOVA PESQUISA SOBRE ANIMAIS. O GRUPO DE CARINA PESQUISOU O MACACO E DESCOBRIU QUE ESSE ANIMAL GOSTA MUITO DE BANANA.

CIRCULE A CESTA QUE TEM **MUITAS** BANANAS.

PINTE A CESTA QUE TEM **POUCAS** BANANAS.

Ilustrações: Kanton e Silvana/Arquivo da editora

DATA: _____ /_____ /_____

LIGUE OS MACACOS COM OS GRUPOS DE BANANAS QUE TÊM AS MESMAS QUANTIDADES.

Ilustrações: Ilustra Cartoon/Arquivo da editora

DATA: _____ /_____ /_____

AGORA LEVE O MACACO ATÉ A PENCA COM **MAIS** BANANAS.

Kanton/Arquivo da editora

DATA: _____ /_____ /_____

O GRUPO DE RAFAEL PESQUISOU OS PASSARINHOS. ESSES ANIMAIS ADORAM CANTAR. COLE BOLINHAS DE PAPEL NO GALHO QUE TEM **MENOS** PASSARINHOS.

Kanton e Silvana/Arquivo da editora

PASSARINHOS A VOAR,
NOS GALHOS VÃO POUSAR.
ESTÃO ALEGRES A CANTAR
PORQUE O AMOR VÃO ESPALHAR.

DATA: _____ /_____ /_____

FAZENDO ARTE

VAMOS FAZER UM PASSARINHO?
SIGA AS ETAPAS DE CADA IMAGEM E AS ORIENTAÇÕES DO PROFESSOR.

Ilustrações: Ilustra Cartoon/Arquivo da editora

DATA: _____ /_____ /_____

HORA DE BRINCAR

CARINA FOI PASSEAR NA FAZENDA DA TIA MANUELA. ANTES DE CHEGAR À CASA, CARINA ENCONTROU ALGUNS ANIMAIS. QUANDO CHEGOU PERTO DA CASA, ENCONTROU MUITOS ANIMAIS.

TRACE O CAMINHO QUE ELA FEZ, INDICANDO **MENOS** ANIMAIS NO INÍCIO DO PERCURSO E **MAIS** ANIMAIS NO FINAL DELE.

Ilustrações: Ilustra Cartoon/Arquivo da editora

UNIDADE 4

NÚMEROS POR TODO LADO!

Juan Carlos Federico/Arquivo da editora

RODA DE CONVERSA

A PROFESSORA DE CARINA LEVOU A TURMA PARA UM PASSEIO PELO BAIRRO PARA APRESENTAR OS NÚMEROS.

Ilustra Cartoon/Arquivo da editora

VOCÊ JÁ CONHECE ALGUM NÚMERO? QUAL?

DATA: _____ /_____ /_____

OS NÚMEROS

DURANTE O PASSEIO, A PROFESSORA ENSINOU UMA PARLENDA PARA A TURMA. VAMOS RECITÁ-LA COM OS COLEGAS? DEPOIS, CIRCULE A CRIANÇA QUE ESTÁ PULANDO.

SALADA, SALADINHA
BEM TEMPERADINHA
COM SAL, PIMENTA
UM, DOIS, TRÊS...

PARLENDA POPULAR

Ilustra Cartoon/Arquivo da editora

DATA: _____ /_____ /_____

DEPOIS DO PASSEIO, A TURMA VOLTOU PARA A ESCOLA PARA CONHECER MAIS SOBRE OS NÚMEROS. APRENDA VOCÊ TAMBÉM COM A TURMA DE CARINA.

QUANTOS GATOS ESTÃO BRINCANDO?

Ilustra Cartoon/Arquivo da editora

1

Sergio Dotta Jr./Arquivo da editora

OLHE OS GATOS E A SOMBRA DELES ABAIXO. LIGUE CADA SOMBRA A SUA IMAGEM.

Ilustrações: Kanton e Silvana/ Arquivo da editora

ALGUMA SOMBRA FICOU SOZINHA? QUANTAS? CONTE PARA O PROFESSOR E OS COLEGAS.

DATA: _____ /_____ /_____

VAMOS JOGAR DOMINÓ? ORA VOCÊ DESENHA, ORA VOCÊ ESCREVE O NÚMERO.

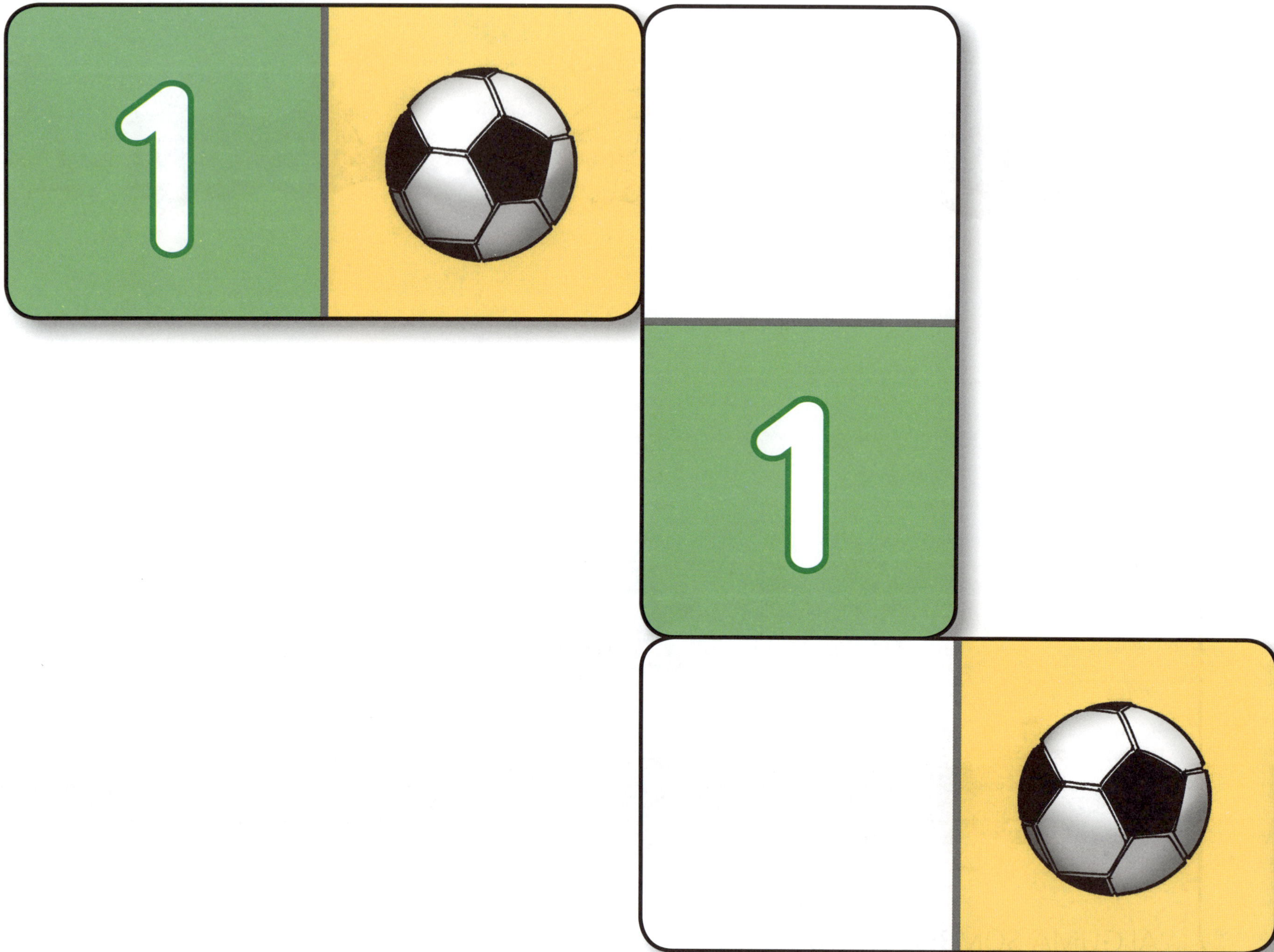

Ilustrações: Kanton e Silvana/Arquivo da editora

DATA: _____ /_____ /_____

QUANTOS MENINOS ESTÃO JOGANDO BOLA?

Ilustra Cartoon/Arquivo da editora

2

Sergio Dotta Jr./Arquivo da editora

DATA: _____ /_____ /_____

CIRCULE CADA GRUPO DE **DOIS** PÁSSAROS. DEPOIS, ESCOLHA UM GRUPO PARA PINTAR.

Ilustra Cartoon/Arquivo da editora

SOBROU ALGUM PÁSSARO SEM CIRCULAR? CONTE PARA O PROFESSOR E OS COLEGAS.

DATA: _____ /_____ /_____

CANTE COM SEUS COLEGAS E APONTE AS PARTES DO CORPO CITADAS NA LETRA DA CANÇÃO.

TENHO DOIS OLHOS
PRA VER O MUNDO
E DOIS OUVIDOS
PRA OUVIR TUDO
QUANTO É RUÍDO.

TAMBÉM SÃO DUAS
AS MINHAS MÃOS
E DUAS AS RODAS DA BICICLETA
QUE MOVIMENTO
COM MEUS DOIS PÉS.

CONTANDO DE UM A DEZ, DE NILSON JOSÉ MACHADO. SÃO PAULO: SCIPIONE, 2008.

AGORA DESENHE O QUE SE PEDE.

EU TENHO DOIS OLHOS.

EU TENHO DOIS PÉS.

EU TENHO DUAS MÃOS.

DATA: ____ /____ /____

QUANTOS FILHOTES NASCERAM?

Ilustra Cartoon/Arquivo da editora

Sergio Dotta Jr./Arquivo da editora

DATA: _____ /_____ /_____

CADA FILHOTE PRECISA DE UMA CASINHA.
DESENHE A QUANTIDADE DE CASINHAS NECESSÁRIAS. DEPOIS, PINTE A CENA.

Ilustra Cartoon/Arquivo da editora

O TEMA É...

REAPROVEITAMENTO!

A TURMA DE CARINA REAPROVEITOU FOLHAS DE JORNAL E FEZ CHAPÉUS PARA BRINCAR DE MARCHA SOLDADO.
VEJA AS CRIANÇAS BRINCANDO E CANTE COM OS COLEGAS.

Ilustra Cartoon/Arquivo da editora

MARCHA, SOLDADO,
CABEÇA DE PAPEL.
SE NÃO MARCHAR DIREITO,
VAI PRESO PRO QUARTEL.
O QUARTEL PEGOU FOGO,
BOMBEIRO DEU SINAL.
ACODE, ACODE, ACODE
A BANDEIRA NACIONAL.

CANTIGA POPULAR

CONTE QUANTAS PONTAS TEM CADA CHAPÉU E PINTE O NÚMERO.

1 2 3

DATA: _____ /_____ /_____

FAZENDO ARTE

CHAPÉU

MATERIAL NECESSÁRIO:

- PAPEL DE JORNAL

AGORA É A SUA VEZ! COM A AJUDA DO PROFESSOR, FAÇA UM CHAPÉU USANDO PAPEL DE JORNAL ANTIGO.

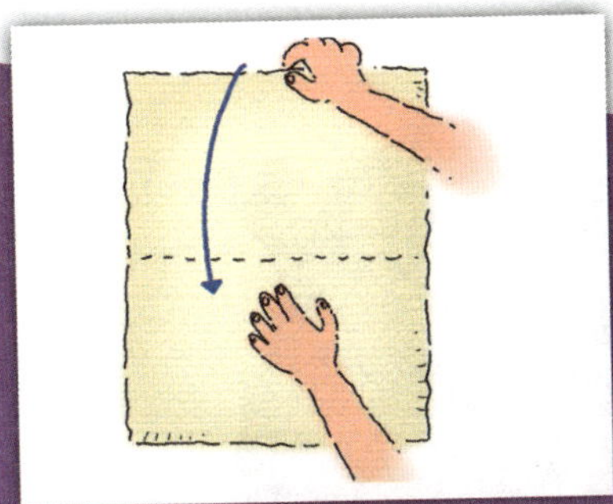

DOBRE A FOLHA DO JORNAL.

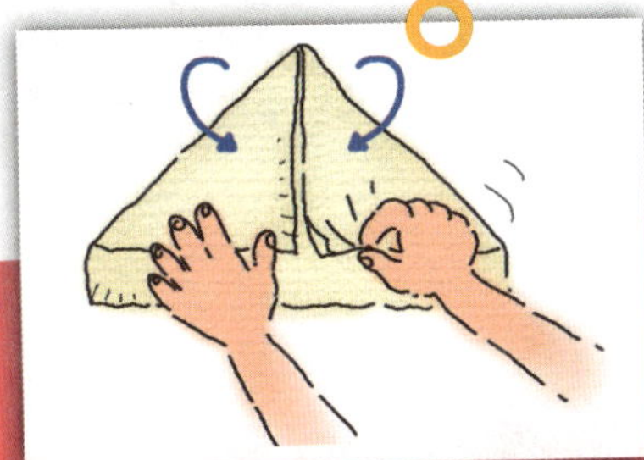

NO LADO DOBRADO, DOBRE AS PONTAS PARA A FRENTE, ATÉ FORMAR UM TRIÂNGULO.

DOBRE AS PARTES DE BAIXO PARA FORA.

AJUSTE AS PONTAS AO TRIÂNGULO E COLE-AS COM FITA ADESIVA.

ABRA O CHAPÉU. ESTÁ PRONTO!

Ilustrações: Fábio Sgroi/Arquivo da editora

DATA: _____ /_____ /_____

QUANTAS CRIANÇAS ESTÃO BRINCANDO DE RODA?

Ilustra Cartoon/Arquivo da editora

Sergio Dotta Jr./Arquivo da editora

QUANTAS PERNAS TEM CADA ANIMAL?
PINTE UM QUADRADINHO PARA CADA PERNA. DEPOIS, ESCREVA O NÚMERO CORRESPONDENTE.

Ilustrações: Ilustra Cartoon/Arquivo da editora

DATA: _____ /_____ /_____

ONDE HÁ MAIS LIMÕES?
ESCREVA AS QUANTIDADES E PINTE AS FRUTAS DO GRUPO COM MAIS LIMÕES.

MEU LIMÃO, MEU LIMOEIRO,
MEU PÉ DE JACARANDÁ.
UMA VEZ, TINDOLELÊ
OUTRA VEZ, TINDOLALÁ.

CANTIGA POPULAR

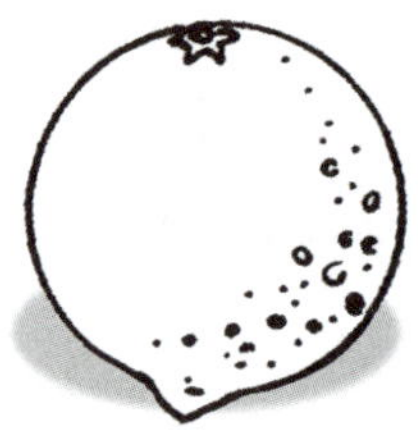

Ilustrações: Kanton/Arquivo da editora

QUANTOS PÃEZINHOS O PADEIRO FEZ?

Kanton/Arquivo da editora

5

Sergio Dotta Jr./Arquivo da editora

DATA: _____ /_____ /_____

DESENHE, EM CADA CESTA, A QUANTIDADE DE PÃES INDICADA NAS ETIQUETAS.

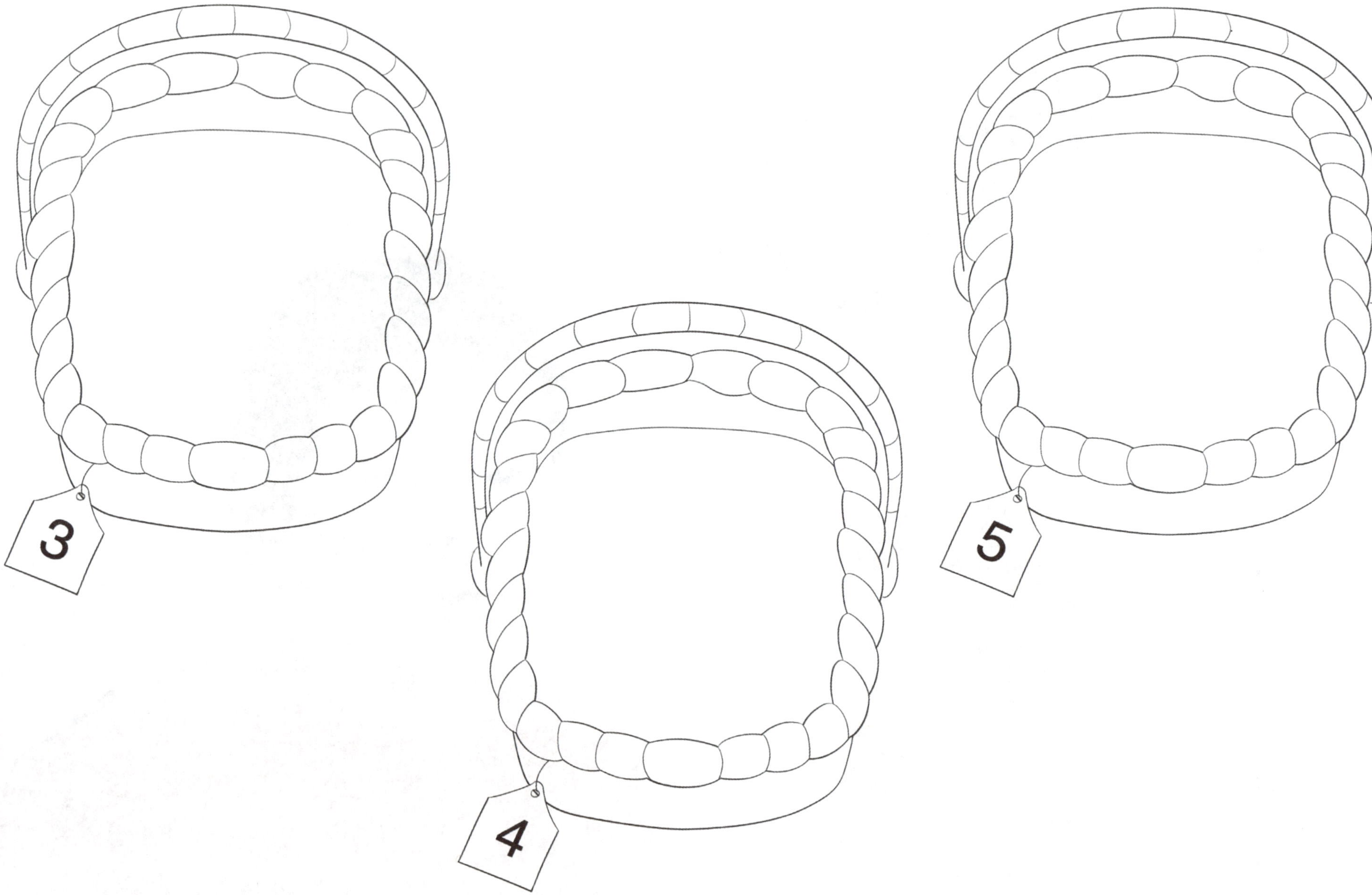

Ilustra Cartoon/Arquivo da editora

DATA: ____ /____ /____

LIGUE CADA MÃO À QUANTIDADE DE OBJETOS QUE ELA INDICA. DEPOIS, PINTE OS OBJETOS COMO PREFERIR.

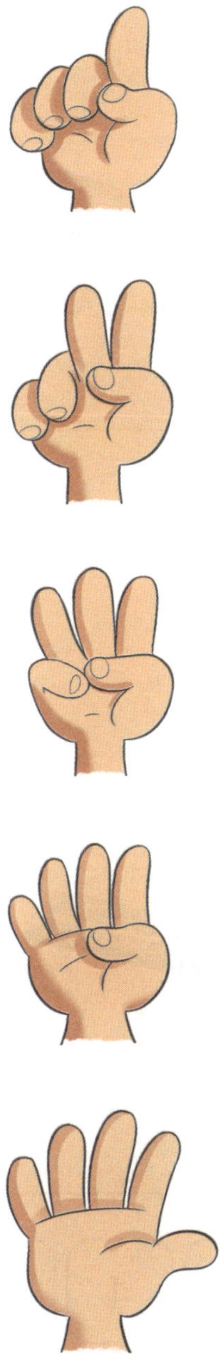

Ilustrações: Ilustra Cartoon/Arquivo da editora

DATA: ____ /____ /____

PINTE O QUADRADINHO COM O NÚMERO QUE REPRESENTA A QUANTIDADE DE OBJETOS DE CADA GRUPO.

Edward Westmacott/Shutterstock/Glow Images

1 2 3 4 5

olavs/Shutterstock/Glow Images

1 2 3 4 5

4Max/Shutterstock/Glow Images

1 2 3 4 5

Perutskyi Petro/Shutterstock/Glow Images

1 2 3 4 5

Evlakhov Valeriy/Shutterstock/Glow Images

1 2 3 4 5

DATA: ____ /____ /____

QUANTOS BALÕES ESTÃO SOLTOS NO AR?

Ilustra Cartoon/Arquivo da editora

6

Sergio Dotta Jr./Arquivo da editora

DATA: ____ /____ /____

MARTA ESTÁ FAZENDO 6 ANOS.
DESENHE NO BOLO A QUANTIDADE DE VELAS CORRESPONDENTE À IDADE DA MENINA.

HOJE É O MEU ANIVERSÁRIO,
É UM DIA SEM IGUAL!
EU QUERIA QUE HOJE FOSSE
FERIADO NACIONAL!

POR ENQUANTO SOU PEQUENO,
DE PEDRO BANDEIRA. SÃO PAULO:
MODERNA, 2009.

Ilustra Cartoon/Arquivo da editora

AGORA PINTE E ENFEITE O BOLO COMO DESEJAR.

DATA: ____ /____ /____

A FESTA DE MARTA ESTÁ LOTADA! QUANTAS MENINAS HÁ NA FESTA?
FAÇA UM **X** NA RESPOSTA CORRETA.

1 2 3 4 5 6

QUANTOS PÁSSAROS ESTÃO VOANDO?

Kanton e Silvana/Arquivo da editora

7

Sergio Dotta Jr./Arquivo da editora

DATA: ____ /____ /____

QUANTOS BLOCOS HÁ EM CADA PILHA? CONTE E RESPONDA ABAIXO. DEPOIS, PINTE OS BLOCOS COMO PREFERIR.

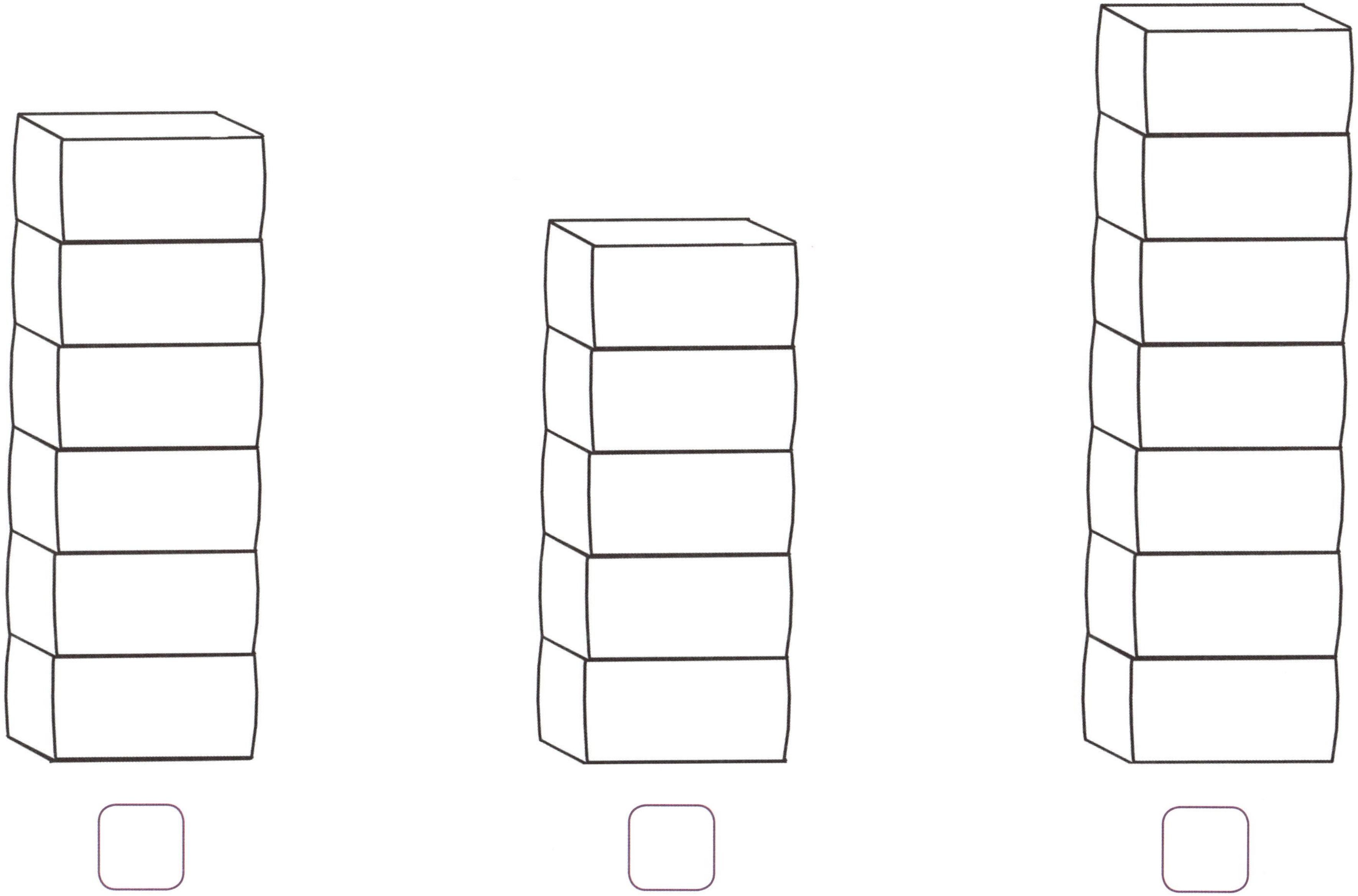

Ilustrações: Kanton/Arquivo da editora

VAMOS FAZER UMA SALADA DE FRUTAS?
PINTE A QUANTIDADE DE CADA TIPO DE FRUTA DE QUE VAMOS PRECISAR.

5

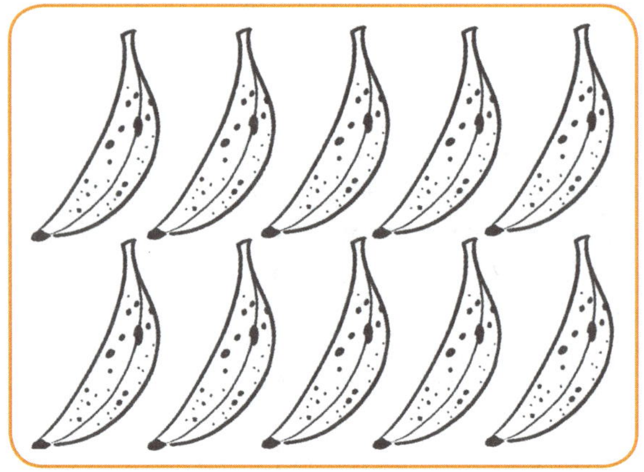

7

3

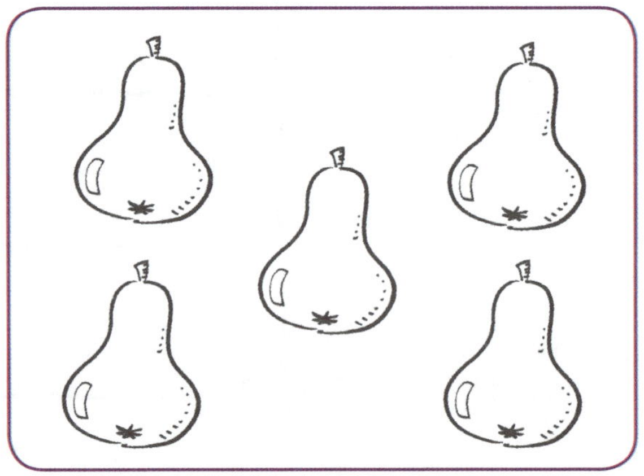

4

6

Ilustrações: Kanton/Arquivo da editora

DATA: ____ /____ /____

QUANTOS BISCOITOS HÁ NO PRATO?

Ilustra Cartoon/Arquivo da editora

8

Sergio Dotta Jr./Arquivo da editora

DATA: _____ /_____ /_____

CIRCULE OS BISCOITOS QUE ESTÃO FORA DO POTE. DEPOIS, RESPONDA: QUANTOS SÃO?

Kanton e Silvana/Arquivo da editora

DATA: _____ /_____ /_____

QUANTOS BISCOITOS HÁ EM CADA PACOTE? LIGUE.

Ilustrações: Kanton/Arquivo da editora

6

7

8

QUANTOS LÁPIS HÁ NO ESTOJO?

Kanton/Arquivo da editora

9

Sergio Dotta Jr./Arquivo da editora

DATA: _____ /_____ /_____

OS PEIXINHOS NÃO CONSEGUEM VIVER EM ÁGUAS POLUÍDAS. VAMOS AJUDÁ-LOS? FAÇA UM **X** EM TUDO O QUE NÃO DEVERIA ESTAR NO RIO.

Kanton e Silvana/Arquivo da editora

QUANTOS OBJETOS VOCÊ CONSEGUIU PEGAR? MARQUE COM UM **X**.

5 6 7 8 9

DATA: _____ /_____ /_____

DESTAQUE OS ADESIVOS COM PEIXINHOS DO FINAL DO LIVRO E COLE-OS NOS AQUÁRIOS.

O GRUPO DOS **8**  DEVE SER COLOCADO NO AQUÁRIO REDONDO.

O GRUPO DOS **9** , NO AQUÁRIO QUADRADO.

Ilustrações: Kanton/Arquivo da editora

DATA: _____ /_____ /_____

QUANTOS OVOS A GALINHA DO VIZINHO BOTOU?

Ilustra Cartoon/Arquivo da editora

10

Sergio Dotta Jr./Arquivo da editora

QUANTAS BOLINHAS DE CADA COR VOCÊ VÊ?
CONTE E ESCREVA O NÚMERO.

Ilustrações: Kanton/Arquivo da editora

AS CRIANÇAS ESTÃO FAZENDO COLEÇÕES.
UMA DELAS JÁ CONSEGUIU JUNTAR **10** BOLINHAS! QUEM FOI? CIRCULE-A.

Ilustra Cartoon/Arquivo da editora

DATA: _____ /_____ /_____

NÚMEROS NO DIA A DIA

ENCONTRE OS NÚMEROS QUE APARECEM NA CENA E CIRCULE-OS.

Ilustra Cartoon/Arquivo da editora

OLHE SÓ QUANTOS PRODUTOS HÁ NA PRATELEIRA DO SUPERMERCADO!
FAÇA UM **X** SOBRE OS NÚMEROS QUE VOCÊ ENCONTRAR.

Kanton e Silvana/Arquivo da editora

HORA DE BRINCAR

VOCÊ JÁ OUVIU A HISTÓRIA DOS TRÊS PORQUINHOS?
ELES CONSTRUÍRAM CASAS PARA SE PROTEGEREM DO LOBO MAU.
LIGUE CADA PORQUINHO A UMA CASA.

Ilustra Cartoon/Arquivo da editora

LIVROS

PubliFolha/Arquivo da editora

ABRA E DESCUBRA: CORES, DE DORLING KINDERSLEY, PUBLIFOLHA.

COM ABAS QUE SE DESDOBRAM E RICAS ILUSTRAÇÕES, ESTE LIVRO APRESENTA AS CORES BÁSICAS DE UM JEITO BASTANTE DIVERTIDO.

Editora Callis/Arquivo da editora

AQUI ESTÁ TÃO QUENTINHO!, DE JANG SEON-HYE, CALLIS.

ESTE LIVRO APRESENTA A ORDENAÇÃO NUMÉRICA E A CONTAGEM DE UM A DEZ POR MEIO DA HISTÓRIA DE GRUPOS DE ANIMAIS QUE PROCURAM ABRIGO PARA O INVERNO. ASSIM, VOCÊ VAI APRENDER ENQUANTO SE ENVOLVE EM UMA EMOCIONANTE TRAMA.

Editora Ática/Arquivo da editora

AS TRÊS PARTES, DE EDSON LUIZ KOZMINSKI, ÁTICA.

ESTE LIVRO CONTA A HISTÓRIA DE TRÊS PARTES QUE, CANSADAS DE FORMAR UMA CASINHA, DECIDEM SAIR PELO MUNDO PROCURANDO NOVAS FORMAS E CORES.

Editora Scipione/Arquivo da editora

CONTANDO DE UM A DEZ, DE NÍLSON JOSÉ MACHADO, SCIPIONE.

APRENDA A LER E A CONTAR DE UM A DEZ COM UM MENINO: UM ÚNICO SOL, DUAS RODAS DA BICICLETA, QUATRO PATAS DO CACHORRO, SETE CORES DO ARCO-ÍRIS, ETC.

Editora Callis/Arquivo da editora

LEVANTE UM POUQUINHO, POR FAVOR!, DE HEE JUNG CHANG, CALLIS.

DIVIRTA-SE COM A HISTÓRIA DE UM SAPINHO QUE PASSA A FAZER TODAS AS VONTADES DE UM ELEFANTE, SÓ PORQUE ELE SE SENTOU SOBRE O SEU CHAPÉU E NÃO QUER MAIS SE LEVANTAR. VOCÊ TAMBÉM VAI APRENDER AS FORMAS GEOMÉTRICAS POR MEIO DO FORMATO DE ALGUNS ALIMENTOS.

Editora Companhia das Letrinhas/Arquivo da editora

OS TRÊS PORQUINHOS, DE CYRIL HAHN, COMPANHIA DAS LETRINHAS.

SE VOCÊ PENSA QUE JÁ CONHECE A HISTÓRIA DOS TRÊS PORQUINHOS, VAI SE SURPREENDER COM ESTE LIVRO. NELE, A CADA PÁGINA HÁ UMA NOVA BRINCADEIRA COM AS DOBRADURAS QUE SALTAM DAS PÁGINAS.

Editora Scipione/Arquivo da editora

PINÓQUIO, DE CARLO COLLODI, SCIPIONE.

CANSADO DA SOLIDÃO, O VELHO GEPETO FABRICA UM BONECO DE MADEIRA E LHE DÁ O NOME DE PINÓQUIO. SERÁ QUE ELE CONSEGUIRÁ SE TRANSFORMAR EM UM MENINO DE VERDADE?

Juan Carlos Federico/Arquivo da editora

CDs

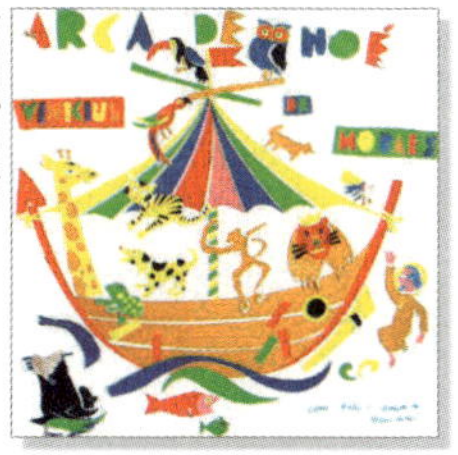

Reprodução/Sony

A ARCA DE NOÉ, DE VINICIUS DE MORAES, UNIVERSAL.

ESTE CD CONTA COM GRAVAÇÕES DE GRANDES NOMES DA MÚSICA POPULAR BRASILEIRA, COMO CHICO BUARQUE, ADRIANA CALCANHOTTO, MARISA MONTE, CAETANO VELOSO E MARIA BETHÂNIA. ALÉM DE CANTAR, VOCÊ VAI APRENDER E SE DIVERTIR MUITO.

Banco de imagens/Arquivo da editora

CANÇÕES CURIOSAS, DE SANDRA PERES E PAULO TATIT, MCD.

ESTE CD APRESENTA OS SUCESSOS "FOME COME", "CRIANÇA NÃO TRABALHA", "RATO", "ANTIGAMENTE" E "PINDORAMA". SÃO CANÇÕES QUE VÃO ALEGRAR VOCÊ E SEUS COLEGAS.

DVDs

Banco de imagens/Arquivo da editora

BABY EINSTEIN: NÚMEROS E RIMAS, WALT DISNEY.

ESTA ANIMAÇÃO VAI ESTIMULAR VOCÊ A CONHECER OS NÚMEROS, MOSTRANDO DE MANEIRA BEM DIVERTIDA COMO CONTAR DE 1 A 5.

Banco de imagens/Arquivo da editora

BEBÊ MAIS: NÚMEROS, PARAMOUNT.

ESTE DVD É IDEAL PARA CRIANÇAS COMO VOCÊ, QUE ESTÃO ENTRANDO EM CONTATO COM O UNIVERSO DOS NÚMEROS. ELE ENSINA OS NÚMEROS AO MESMO TEMPO QUE NARRA UMA GRANDE AVENTURA.

SITES@

<WWW.DISCOVERYKIDSBRASIL.COM>

<WWW.TVCULTURA.COM.BR/INFANTIL>

<HTTP://MUNDONICK.UOL.COM.BR>

<HTTP://RECREIONLINE.ABRIL.COM.BR/>

@ ACESSO EM: 13 NOV. 2014.

Ilustrações: Juan Carlos Federico/ Arquivo da editora

BIBLIOGRAFIA

ADAMS, M. J. et al. *Consciência fonológica em crianças pequenas.* Porto Alegre: Artmed, 2006.

ALMEIDA, Rosangela Doin de. *Espaço e tempo na Educação Infantil.* São Paulo: Contexto, 2014.

AYRES, Sonia Nunes. *Educação Infantil*: teorias e práticas para uma proposta pedagógica. Petrópolis: Vozes, 2012.

BRASIL. Ministério da Educação. Secretaria de Educação Fundamental. *Referencial Curricular Nacional para a Educação Infantil.* Brasília, 1998. 3 v.

BRITO, T. A. *Música na Educação Infantil.* São Paulo: Peirópolis, 2003.

CHATEAU, J. *O jogo e a criança.* São Paulo: Summus, 1987.

COLL, C.; MARTIN, E. et al. *Aprender conteúdos e desenvolver capacidades.* Tradução de Cláudia Schilling. Porto Alegre: Artmed, 2004.

CÓRIA-SABINI, Maria Aparecida. *Jogos e brincadeiras na Educação Infantil.* Campinas: Papirus, 2012.

DANTE, L. *Didática da Matemática na pré-escola.* São Paulo: Ática, 1996.

DEVRIES, R. *O currículo construtivista na Educação Infantil*: práticas e atividades. Porto Alegre: Artmed, 2003.

FABER, A.; MAZLISH, E. *Como falar para o aluno aprender.* São Paulo: Summus, 2005.

FERREIRA, S. *Imaginação e linguagem no desenho da criança.* Campinas: Papirus, 1998.

FERREIRO, E. *Reflexões sobre alfabetização.* São Paulo: Cortez, 2001.

FRIEDMANN, A. *A arte de brincar*: brincadeiras e jogos tradicionais. Petrópolis: Vozes, 2004.

________. *Brincar*: crescer e aprender; o resgate do jogo infantil. São Paulo: Moderna, 1998.

GARDNER, H. *A criança pré-escolar*: como pensa e como a escola pode ensiná-la. Tradução de C. A. N. Soares. Porto Alegre: Artmed, 1994.

GOBBI, Maria Aparecida; PINAZZA, Mônica Appezzato (Org.). *Infância e suas linguagens.* São Paulo: Cortez, 2014.

HOFFMAN, J. *Avaliação na pré-escola*: um olhar sensível e reflexivo sobre a criança. Porto Alegre: Mediação, 1999.

JEANDOT, N. *Explorando o universo da música.* São Paulo: Scipione, 1990.

JESUS, A. C. A. de. *Como aplicar jogos e brincadeiras na Educação Infantil.* Rio de Janeiro: Brasport, 2010.

JUNQUEIRA FILHO, G. *Linguagens geradoras*: seleção e articulação de conteúdos em Educação Infantil. Porto Alegre: Mediação, 2005.

KAMII, C.; JOSEPH, L. L. *Crianças pequenas continuam reinventando a Aritmética*: implicações da teoria de Piaget. Porto Alegre: Artmed, 2005.

KANAN, Fabiana. *Brincar*: aprendizagem para a vida. Tradução de Avril Brock. Porto Alegre: Penso, 2011.

KRAEMER, M. L. *Quando brincar é aprender.* São Paulo: Loyola, 2007.

LE BOULCH, J. *Educação psicomotora*: a psicocinética na idade escolar. Tradução de Jeni Wolff. Porto Alegre: Artmed, 1987.

LUCKESI, C. C. *Avaliação da aprendizagem escolar.* São Paulo: Cortez, 2003.

MACEDO, L.; PETTY, A. L. S.; PASSOS, N. C. *Aprender com jogos e situações-problema.* Porto Alegre: Artmed, 2000.

MACHADO, M. *O brinquedo-sucata e a criança*: a importância do brincar: atividade e materiais. São Paulo: Loyola, 1995.

MAIA, J. *Literatura na formação de leitores e professores.* São Paulo: Paulinas, 2007. (Literatura & Ensino).

MELLO, Ana Maria (Org.). *O dia a dia das creches e pré-escolas*: crônicas brasileiras. Porto Alegre: Artmed, 2010.

MERCEDES, Carvalho; BAIRRAL, Marcelo Almeida (Org.). *Matemática na Educação Infantil*: investigação e possibilidades de práticas pedagógicas. Petrópolis: Vozes, 2012.

MIRANDA, N. *200 jogos infantis*. Belo Horizonte: Itatiaia, 2002.

MORAS, I. *Fantoches, bonecos articulados e cia. de papel e cartolina.* São Paulo: Paulinas, 1998.

MOYLES, J. R. et al. *A excelência do brincar.* Tradução de Maria Adriana Veronese. Porto Alegre: Artmed, 2006.

NISTA-PICCOLO, Vilma Leni. *Corpo em movimento na Educação Infantil.* São Paulo: Cortez, 2012.

NUNES, T.; BRYANT, P. *Crianças fazendo Matemática.* Porto Alegre: Artes Médicas, 1997.

OSTETTO, Luciana Esmeralda (Org.). *Encontros e encantamentos na Educação Infantil.* Campinas: Papirus, 2012.

PANIAGUA, G.; PALACIOS, J. *Educação Infantil*: resposta educativa à diversidade. Tradução de Fátima Murad. Porto Alegre: Artmed, 2007.

REAME, Eliane et al. *Matemática no dia a dia da Educação Infantil*: rodas, cantos, brincadeiras e histórias. São Paulo: Saraiva, 2013.

SANTOS, J. G. W.; ALVES, J. M. *O jogo de dominó com contexto interativo para construção de conhecimentos pré-escolares.* Porto Alegre: Scielo, 2000.

SANTOS, S. M. P. dos (Org.). *Brinquedoteca*: o lúdico em diferentes contextos. São Paulo: Vozes, 1997.

SCHILLER, P.; ROSSANO, J. *Ensinar e aprender brincando.* Porto Alegre: Artmed, 2007.

SMOLE, K. S. *A Matemática na Educação Infantil*: a teoria das inteligências múltiplas na prática escolar. Porto Alegre: Artmed, 2000.

SMOLE, K. S.; DINIZ, M. L.; CÂNDIDO, P. *Figuras e formas.* Porto Alegre: Artmed, 2003. v. 3. (Matemática de 0 a 6).

________. *Brincadeiras infantis nas aulas de Matemática.* Porto Alegre: Artmed, 2000. (Matemática de 0 a 6).

________. *Construção da inteligência pela criança.* São Paulo: Scipione, 2002.

WARNER, P. *Aprender brincando.* Tradução de Dinah Abres Azevedo. São Paulo: Ground, 2005.

ZORZI, J. L. *Aprender a escrever*: a apropriação do sistema ortográfico. Porto Alegre: Artmed, 1998.

MARCHA CRIANÇA

EDUCAÇÃO INFANTIL

1

ALMANAQUE DOS NÚMEROS

MATEMÁTICA

editora scipione

editora scipione

Diretoria de conteúdo e inovação pedagógica
Mário Ghio Júnior
Diretoria editorial
Lidiane Vivaldini Olo
Gerência editorial
Luiz Tonolli
Editoria de Anos Iniciais
Tatiany Telles Renó
Edição
Tatiany Telles Renó e
Nathalia de Oliveira Matsumoto
Arte
Ricardo de Gan Braga (superv.),
Andréa Dellamagna (coord. de criação),
Gláucia Correa Koller (progr. visual de capa e miolo),
Elen Coppini Camioto (editora de arte) e
Christine Getschko (assist. de arte)
Revisão
Hélia de Jesus Gonsaga (ger.),
Rosângela Muricy (coord.), Ana Curci,
Luís Maurício Boa Nova, Vanessa de Paula Santos
e Brenda Morais (estag.)
Iconografia
Sílvio Kligin (superv.), Tamires Reis Castillo (pesquisa),
César Wolf e Fernanda Crevin (tratamento de imagem)
Ilustrações
Ilustra Cartoon
Foto de capa
HandMadeFont.com/Shutterstock/Glow Images

Direitos desta edição cedidos à Editora Scipione S.A.
Avenida das Nações Unidas, 7221, 3º andar, Setor D
Pinheiros – São Paulo – SP – CEP 05425-902
Tel.: 4003-3061
www.scipione.com.br / atendimento@scipione.com.br

2019
ISBN 978 85 262 9618 3 (AL)
ISBN 978 85 262 9617 6 (PR)
Cód. da obra CL 738970
CAE 541 681 (AL) / 541 701 (PR)
5ª edição
1ª impressão
Impressão e acabamento
EGB Editora Gráfica Bernardi Ltda.

Dados Internacionais de Catalogação na Publicação (CIP)
(Câmara Brasileira do Livro, SP, Brasil)

Marsico, Maria Teresa
Marcha criança : educação infantil : matemática / Maria Teresa Marsico, Armando Coelho de Carvalho Neto. -- 5. ed. -- São Paulo : Scipione, 2015. -- (Coleção marcha criança)

Obra em 3 v.

1. Matemática (Educação infantil) I. Carvalho Neto, Armando Coelho de. II. Título. III. Série.

15-02790 CDD-372.21

Índice para catálogo sistemático:
1. Matemática : Educação infantil 372.21

SUMÁRIO

VAMOS ESCREVER O NÚMERO **1**?

1 1 1 1

1

1

1

DATA: _____ /_____ /_____

VAMOS ESCREVER O NÚMERO **2**?

2 2 2 2

2

2

2

DATA: _____ /_____ /_____

VAMOS ESCREVER O NÚMERO **3**?

3 3 3 3

3

3

3

DATA: _____ /_____ /_____

VAMOS ESCREVER O NÚMERO **4**?

4 4 4 4

4

4

4

DATA: _____ /_____ /_____

VAMOS ESCREVER O NÚMERO **5**?

5 5 5 5

5

5

5

DATA: ____ /____ /____

VAMOS ESCREVER O NÚMERO **6**?

6 6 6 6

6

6

6

DATA: _____ /_____ /_____

VAMOS ESCREVER O NÚMERO **7**?

7 7 7 7

7

7

7

DATA: _____ /_____ /_____

VAMOS ESCREVER O NÚMERO **8**?

8 8 8 8

8

8

8

DATA: _____ /_____ /_____

VAMOS ESCREVER O NÚMERO **9**?

9 9 9 9

9

9

9

DATA: _____ /_____ /_____

VAMOS ESCREVER O NÚMERO **10**?

10 10 10 10

10

10

10

DATA: _____ /_____ /_____

QUANTOS ANOS VOCÊ TEM? ESCREVA O NÚMERO. DEPOIS, FAÇA UM DESENHO DO QUE VOCÊ MAIS GOSTA DE FAZER NO SEU ANIVERSÁRIO.

DATA: _____ /_____ /_____

OBSERVE, CONTE E ESCREVA A QUANTIDADE DE FRUTAS.

______

______

______

______

______

______

______

______

______

______

Ilustrações: Ilustra Cartoon/Arquivo da editora

DATA: ____ /____ /____

VOCÊ JÁ VIU QUANTOS NÚMEROS HÁ NO TELEFONE?
CUBRA OS NÚMEROS DO TELEFONE E PINTE-O COMO PREFERIR.

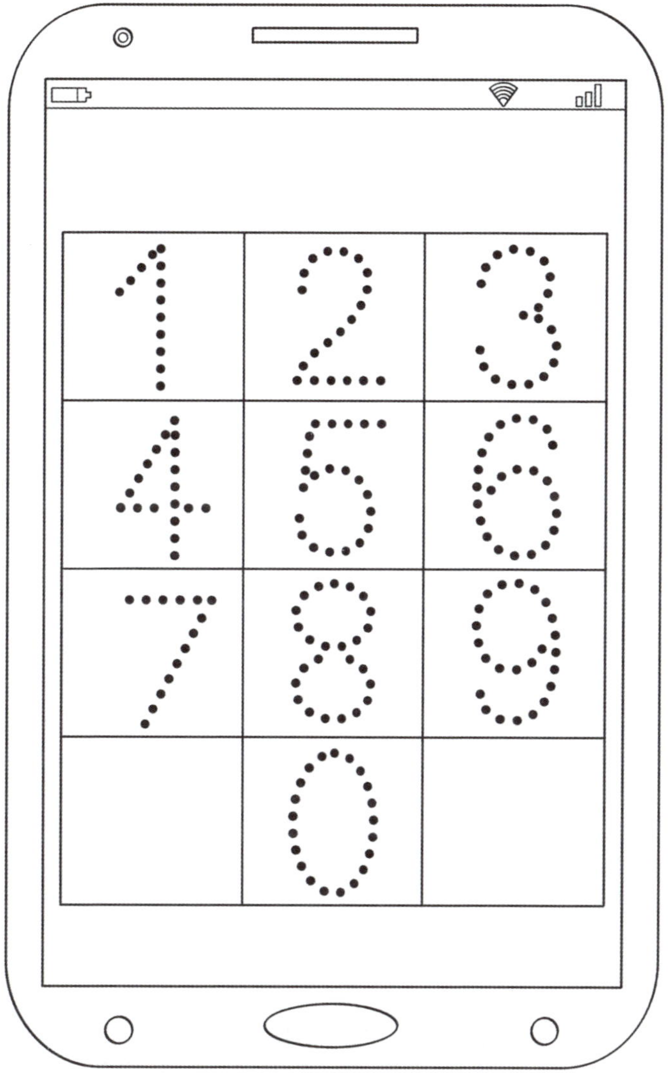

Ilustra Cartoon/Arquivo da editora

DATA: _____ /_____ /_____

RECORTE DE REVISTAS, JORNAIS E EMBALAGENS FIGURAS EM QUE APARECEM NÚMEROS DE 1 A 10. DEPOIS, COLE-AS NO ESPAÇO ABAIXO E COPIE OS NÚMEROS QUE VOCÊ ENCONTROU.

DATA: _____ /_____ /_____

MATERIAL DE APOIO

PEÇAS PARA A ATIVIDADE DA **PÁGINA 36**.

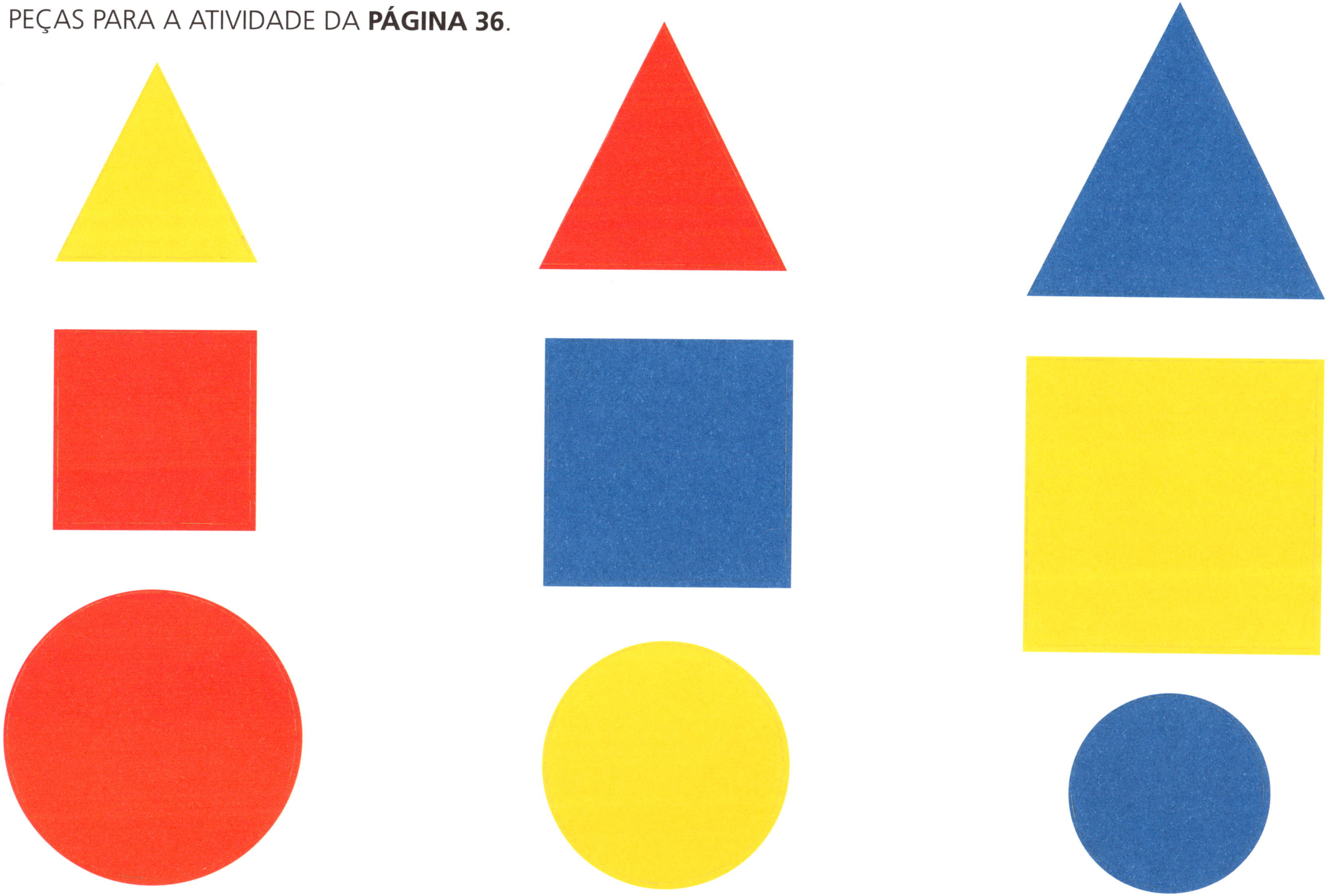

JOGO DA MEMÓRIA DOS NÚMEROS

JOGO DA MEMÓRIA DOS NÚMEROS

Fotos: Sérgio Dotta Jr./Arquivo da editora

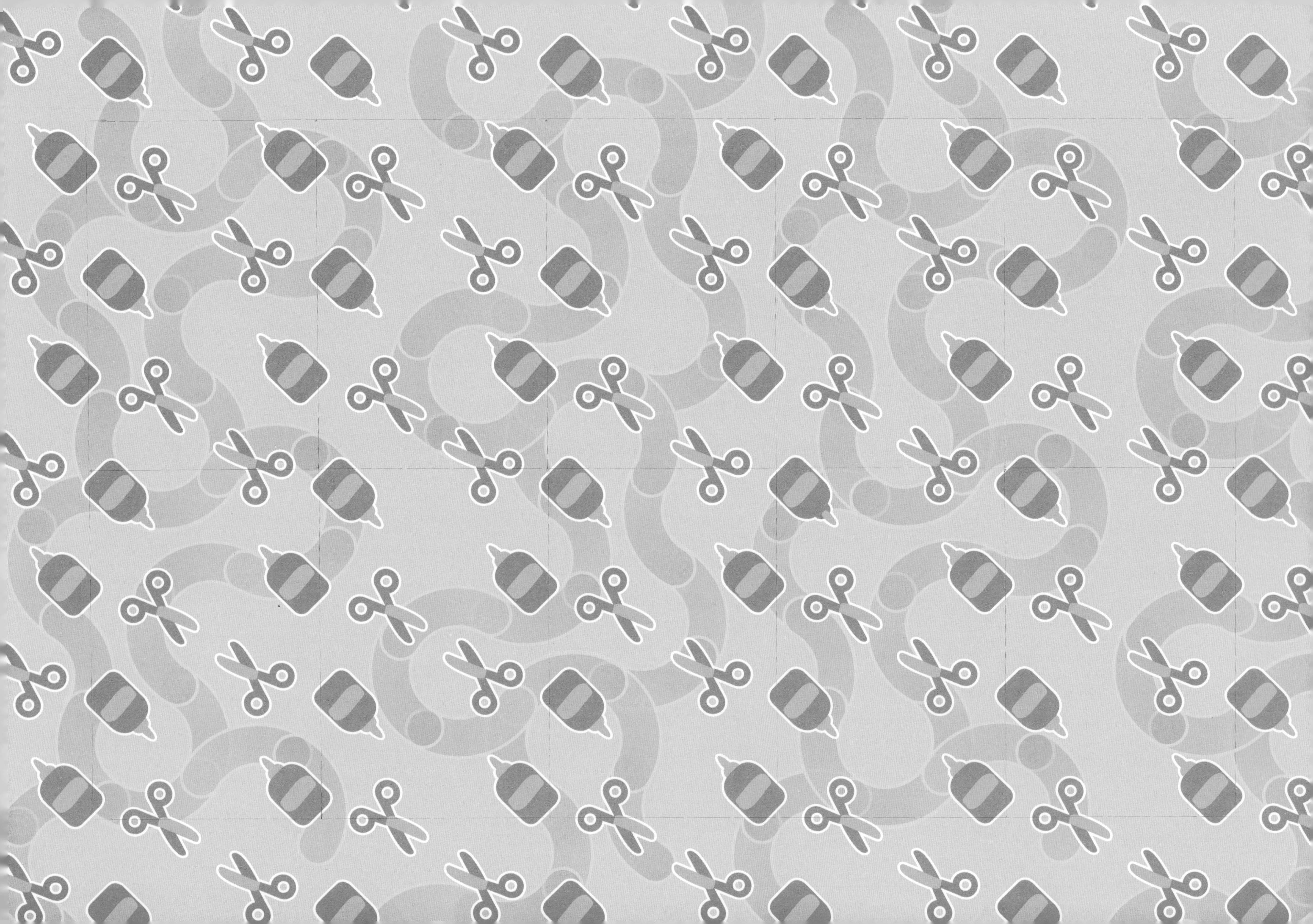

ADESIVOS PARA A ATIVIDADE DA **PÁGINA 34**.

Ilustrações: Kanton/Arquivo da editora

ADESIVOS PARA A ATIVIDADE DA **PÁGINA 60**.

ADESIVOS PARA A ATIVIDADE DA **PÁGINA 72**.

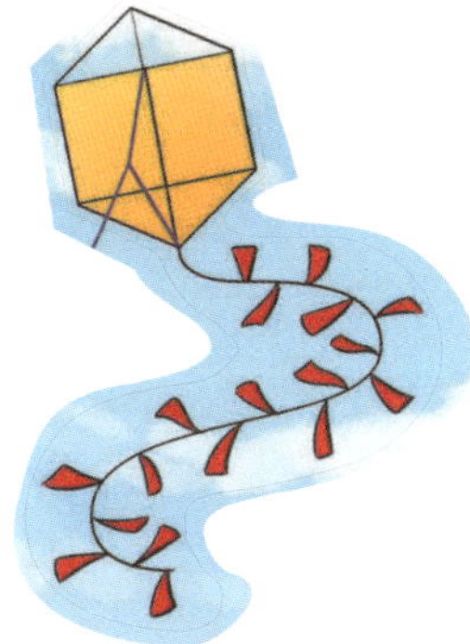

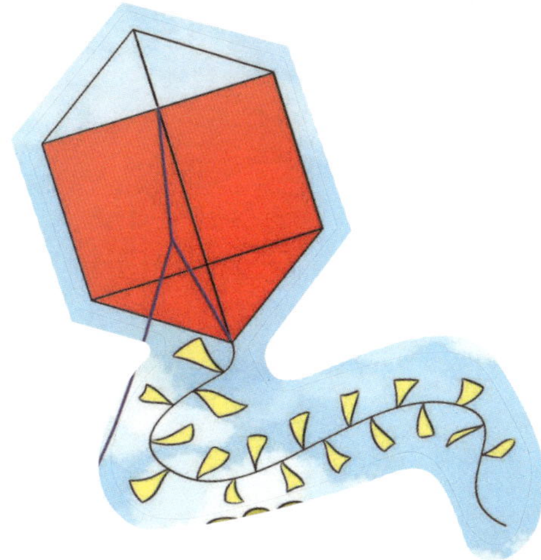

Ilustrações: Ilustra Cartoon/Arquivo da editora

ADESIVOS PARA A ATIVIDADE DA **PÁGINA 118**.

Ilustrações: Kanton/Arquivo da editora